ADAC Reiseführer

Mecklenburg-Vorpommern

Ostseeküste Rügen Seenplatte

von Christiane Petri

Intro

Unterwegs

Von Schwerin ins Elbetal – Märchenschlösser, Dorfidyllen 109

Mecklenburg-Vorpommern Kaleidoskop

Karten und Pläne

☐ Service

Leserforum

Die Meinung unserer Leserinnen und Leser ist wichtig, daher freuen wir uns von Ihnen zu hören. Wenn Ihnen dieser Reiseführer gefällt, wenn Sie Hinweise zu den Inhalten haben – Ergänzungs- und Verbesserungsvorschläge, Tipps und Korrekturen – dann kontaktieren Sie uns bitte:

Redaktion ADAC Reiseführer
ADAC Verlag GmbH
Am Westpark 8, 81365 München
Tel. 089/76 76 41 59
reisefuehrer@adac.de
www.adac.de/reisefuehrer

Mecklenburg-Vorpommern Impressionen

Ein Paradies in der Provinz

»Und wohin, liebe Leute?
Wohin anders als nach Mecklenburg!«
Emanuel Hartenstein, 1780

Mecklenburg-Vorpommern ist ein Land zum Durchatmen. Wer einmal auf einer entlegenen Landstraße anhält, der spürt die naturhafte Stille bis unter die Haut. Endlose Alleen, unzählige Seen, plattes Land und weites Meer lassen einen jeglichen Alltagsstress vergessen. Kraftvoll sind die Farben, aus denen eine mecklenburgische Sommerlandschaft komponiert ist. Leuchtend gelb zieht sich der Rapsfeld-Teppich bis zum Horizont, hineingebettet ist ein tiefrotes Backsteingehöft, umgeben von sattgrünen Bäumen. Über allem spannt sich ein strahlend blauer Himmel, meist dramatisch mit dicken Tupferwolken versehen.

Schon immer faszinierte Mecklenburg-Vorpommern vor allem solche Menschen, die es eher besinnlich mögen. Nicht ohne Grund fanden zu allen Zeiten **Literaten** wie Fritz Reuter, Gerhart Hauptmann, Hans Fallada, Uwe Johnson, Christa Wolf und Walter Kempowski hier ebenso Inspiration wie große **bildende Künstler**, darunter Caspar David Friedrich, Philipp Otto Runge und Ernst Barlach.

Ein Urlaubsland wie aus dem Bilderbuch

Mecklenburg-Vorpommern (im Norddeutschen mit langem e vor dem ck gesprochen) ist kein wohlhabendes Bundesland. Bis auf die ohnehin schwer angeschlagenen Ostseewerften und einige Wirtschaftsbetriebe in Schwerin und Neubrandenburg kann von Industrialisierung kaum die Rede sein. Wichtigste Gewerbezweige sind die **Land- und Forstwirtschaft** und die Verarbeitung ihrer Produkte sowie die Zulieferindustrie für den **Schiffbau**. Nennenswerte Bodenschätze gibt es nicht, in manchen Dörfern und Kleinstädten weitab vom Schuss herrscht bis zu 30 % Arbeitslosigkeit. Doch das Potenzial dieses Landes mit der geringsten Bevölkerungsdichte in ganz Deutschland ist ein anderes – es ist die Natur selbst. Was liegt da näher, als sich auf die hauseigenen Stärken zu besinnen und die **touristische Infrastruktur** zu befördern? Mecklenburg-Vorpommern ist ein ideales Urlaubsland. Die Sommer sind meist trocken und heiß, die Winter knackig kalt. Vom einfachen Campingplatz direkt am Seeufer bis zum luxuriösen Schlosshotel steht dem Besucher mittlerweile ein breites Spektrum an Unterkünften zur Verfü-

gung. Angelruten, Fahrräder und Boote jeder Größe kann man überall leihen. Das Angebot für sportliche und kulturelle Freizeitaktivitäten ist enorm. Ganz gleich, ob man wandern, Rad fahren, segeln, surfen, paddeln und Golf spielen, Museen, Theater und alte Herrenhäuser besuchen oder einfach nur faul am Strand liegen will – das Land bietet für jeden etwas.

Oben: *Sand voller Körbe – ein Sommertag am Strand von Binz auf Rügen*
Links: *Rapsblüte – herrliche Alleen durchziehen weite Felder: Ein Land aus der Schatzkiste der Natur!*
Unten: *Robuste Zier– Backsteingiebel am Neuen Tor (Stadtseite) in Neubrandenburg*

Natur pur, wohin man schaut

Dem Besucher präsentiert sich Mecklenburg-Vorpommern nicht als Land aus einem Guss, sondern eher als Anhäufung der unglaublichsten Idyllen – und genau das macht seine große Anziehungskraft aus. Im Norden ziehen die alten **Hansestädte** Wismar, Rostock und Stralsund

Links: *Stolze Hansestadt Stralsund*
Unten: *Auch Störche fühlen sich wohl in Mecklenburg-Vorpommern*
Rechts: *Traumziel der Ostsee – die Majestät der Kreidefelsen auf Rügen*
Unten Mitte: *Weltberühmt und engelgleich – Barlachs ›Schwebender‹*
Unten rechts: *Es grünt so grün im Schlossgarten von Schwerin*

mit ihren glanzvollen Baudenkmälern, wahren Wunderwerken der Backsteingotik, und ihrem lärmenden Hafengetriebe in den Bann. Dazwischen liegen wie kleine Einsprengsel die traditionsreichen mecklenburgischen **Seebäder** Heiligendamm und Kühlungsborn, in denen im 19. Jh. die deutsche Badekultur ihren Aufschwung nahm und der erste Strandkorb das Licht der Welt erblickte. Ein Paradies der reinsten Bade-, Segel- und Paddellust ist die **Mecklenburgische Seenplatte** rund um die Müritz mit einem Labyrinth von großen, kleinen und allerkleinsten Seen, fast 1000 an der Zahl. Hoch in der Publikumsgunst stehen die **Inseln** der vorpommerschen Ostseeküste. Da ist die Dreiinselgruppe *Fischland-Darß-Zingst*, wo kilometerlange goldgelbe Sandstrände locken, so weit das Auge reicht, und wo man nach heftiger Brandung schon mal ein angeschwemmtes Klümpchen Bernstein – das ›Gold der Ostsee‹ – finden kann. Am Café-Pavillon der legendären Ahlbecker Seebrücke auf *Usedom* treffen sich im Sommer die Feriengäste und schließlich ganz zu schweigen von den weißen Kreidefelsen auf *Rügen*, der ›Insel aller Inseln‹, samt ihrer kleinen Schwester, dem ›söten Länneken‹ (süßen Ländchen)

Hiddensee. Beschaulich und provinziell, ja fast verschlafen geht es zu im **Klützer Winkel**, wo die sanft gehügelten Wiesen und Felder Mecklenburgs fruchtbarsten Ackerboden bilden. Das reinste Gegenteil davon sind die ertragsarmen Sandböden, knochentrockenen Kiefernwälder und vertorften Moore der **Griesen Gegend**, deren Kargheit die durchaus reizvolle barocke Residenzstadt Ludwigslust wie ein Edelstein mit ihrem Glanz bestrahlt. Eine völlig andere Vegetationsform ist die intakte Auenlandschaft **Elbetal** mit ihren saftigen Wiesen und naturgeschützten Wanderdünen. Das alles bekrönt **Schwerin**, die ›Landeshauptstadt der sieben Seen‹, mit ihrem märchenhaften Schloss. »Schön ist't in'n Ganzen worden«, so befand auch das mecklenburgische Dichter-Original Fritz Reuter in seiner ›Urgeschicht von Mekelnborg‹, in der er die Schöpfungsgeschichte der Welt

ganz einfach in seinem heiß geliebten Mecklenburg beginnen ließ.

Der Mecklenburger zwischen Tradition und Moderne

Stur ist er, ›der Mecklenburger‹ mit seinem viel beschworenen Rundschädel, aus dem kleine, ruhige Augen die Umwelt mustern. Dazu ein passionierter Fischesser, langsam und wortkarg, aber mitfühlend, geradlinig und humorvoll. Soweit das Klischee. Bleibt anzumerken, dass es auch äußerst gesprächige Landeskinder mit schneller Zunge und fixem Verstand gibt, die Hamburger und Pommes frites bevorzugen. Nicht anders als ›der Rheinländer‹ ist auch ›der Mecklenburger‹ ein Resultat gut 1500-jähriger Begegnungen von Menschen und der Vermischung ihrer Kulturen. Als erste siedelten **slawische Stämme** etwa 600 n. Chr. in den mecklenburgischen Wäldern. Im 12. Jh. wurden sie von Heinrich dem Löwen vertrieben oder zum Christentum bekehrt. Slawisches Blut mischte sich mit dem der einwandernden **deutschen Siedler** aus Westfalen, Niedersachsen, Friesland und Holstein, die außer ihrer Hallenhaus-Bauweise und ihrer Küche auch die niederdeutsche Sprache, das **Platt**, mitbrachten. Ähnliches geschah nach dem Zweiten Weltkrieg, als viele Flüchtlinge aus Ostpreußen, Westpreußen und Pommern nach Mecklenburg strömten. Nach 40-

Oben: *Hart ist der Alltag der Fischer*
Unten: *Wohlverdient ist die Pause im Freilichtmuseum Klockenhagen*
Rechts oben: *Badespaß in der Seebadeanstalt von Stralsund*
Rechts unten: *Wismars Einkaufsmeile – in der Krämerstraße stehen die Giebel Spalier*

jährigem Kollektivismus leben nun alte Traditionen und Brauchtum wieder auf. Hafen- und Burgfeste werden gefeiert, historische Trachten angezogen, ganze Theaterstücke und Kirchenpredigten auf Platt gehalten; Prachtvillen und niedlichen Fischerkaten, Kirchen und Klöstern wird ihre einstige Würde zurückgegeben. Die ironische Landes-Charakterisierung Fritz Reuters »In Mekelnborg bliwwt allens bi'n Ollen« (in Mecklenburg bleibt alles beim Alten), trifft sicher nur die eine Seite der Medaille. Die Mecklenburger sind eifrig bestrebt, den Ruf der Rückständigkeit loszuwerden und die vielen offenen Wunden aus sozialistischer Zeit verheilen zu lassen. Die Zukunft wird zeigen, ob sich ein Gleichgewicht zwischen **Nostalgie** und **Modernität** einstellt, das den natürlichen Reiz dieses Landes mit dem verständlichen Wunsch nach Neuem glücklich verbindet.

Der Reiseführer

Dieser Band stellt die Ferienregion Mecklenburg-Vorpommern mit all ihren Reizen und Sehenswürdigkeiten in fünf Kapiteln vor. Die **Praktischen Hinweise** zu Auskunftsstellen, Hotels und Restaurants bieten weitere unerlässliche Informationen. Die **Top Tipps** gewährleisten ein schnelles Auffinden der Highlights, das bewährte **Nummernsystem**, etliche **Stadtpläne** und die präzisen **Übersichtskarten** in den Umschlagklappen helfen bei der Orientierung. Der **Aktuelle Teil** gibt, alphabetisch geordnet, nützliche Auskunft – u. a. zu den Themen Anreise, Einkaufen, Feste und Feiern. **Kurzessays** zu interessanten Themen der Region runden den Band ab.

Geschichte, Kunst, Kultur im Überblick

Vom Siedlungsgebiet, Junkernland, Arbeiter- und Bauernstaat zum Urlauberparadies

8000–4000 v. Chr. In der mittleren Steinzeit lassen sich nomadisierende Jäger und Fischer an der Küste und an Flussufern nieder.

um Christi Geburt Im Bereich der Ostseeküste siedeln die germanischen Stämme der Langobarden, Sachsen und Semnonen.

um 600 Nach Abzug der Germanen Besiedlung durch slawische Stämme. Im Westen werden die Obotriten sesshaft, um Plau herum die Lionen, um Neustrelitz die Redarier, im Osten die Lutizen, an der unteren Oder die Pomoranen und auf Rügen die Ranen. Die Slawen bewohnen Wall-Burgen, roden die Wälder und bewirtschaften die Sandböden.

929 Mit den ersten Eroberungszügen des deutschen Königs Heinrich I. setzt die Unterwerfung der Slawen ein.

983 Der große Slawenaufstand beendet die deutsche Herrschaft östlich der Elbe.

995 Kaiser Otto III. besiegt die Obotriten und unterzeichnet am 10. September eine Urkunde auf ihrem Stammsitz bei Wismar, der ›Mikilinborg‹. Nach dieser Burg, dem heutigen Dorf Mecklenburg, erhielt das Land später seinen Namen.

1124/1128 Durch zwei Missionsreisen nach Vorpommern unterstützt Bischof Otto von Bamberg die Christianisierung des heidnischen Landes.

1147 ›Wendenkreuzzug‹: Sachsenherzog Heinrich der Löwe besiegt den letzten freien Obotritenfürsten Niklot. Gleichzeitig greift Albrecht der Bär den Pommernherzog Ratibor I. an. Die Slawen unterwerfen sich der Lehnshoheit der deutschen Fürsten.

1153 In Stolpe bei Anklam gründet Ratibor das erste Benediktinerkloster Vorpommerns.

1160 Niklot wird von deutschen Rittern umgebracht. Die Grafschaften Schwerin, Ratzeburg und Danneberg sowie die katholischen Bistümer Schwerin und Ratzeburg werden gegründet.

1167 Niklots Sohn Pribislaw tritt aus politischem Kalkül zum Christentum über, um als Vasall Heinrichs des Löwen das Land seiner Väter zu regieren. Diesen Status hält er über Jahrzehnte und wird so zum Stammvater des bis 1918 regierenden mecklenburgischen Fürstenhauses.

ab 1200 Deutsche Siedler aus Westfalen, Niedersachsen, Friesland und Holstein ziehen ins Land.

Ende 13. Jh. Unter Führung von Lübeck entsteht die deutsche Hanse. 1281 findet der Hansetag in Rostock statt. Wismar, Stralsund, Greifswald, Anklam und Demmin treten der Hanse bei.

1295 Pommern wird in die Linien Stettin und Wolgast aufgeteilt.

1325 Das Fürstenhaus Rügen erlischt. Im Erbfolgekrieg zwischen Mecklenburg und Pommern fällt Rügen 1327 an Pommern-Wolgast.

1370 Durch Krieg erzwingen die Hansestädte den ›Frieden zu Stralsund‹ mit Dänemark. Ende der dänischen Vorherrschaft im gesamten Ostseeraum. Die Hanse befindet sich auf dem Höhepunkt ihrer Macht.

1419 Gründung der Universität Rostock.

1492 Ein Pogrom gipfelt in einem 200-jährigen Siedlungsverbot für Juden in ganz Mecklenburg.

Großsteingräber wie hier bei Rerik künden von der Besiedlung des Landes in der Jungsteinzeit (um 3500 v. Chr.)

1523 Ritterschaft, Städte und Klerus schließen sich zur Union der mecklenburgischen Landstände zusammen.
1529 Im Grimnitzer Vertrag lässt sich Brandenburg das Recht auf Erbfolge in Pommern garantieren.
1534 Herzog Philipp I. von Wolgast führt die Reformation in Pommern ein.
1549 In Mecklenburg bestimmt der Sternberger Landtag das Luthertum zur Landesreligion.
1621 Teilung Mecklenburgs in die Herzogtümer Schwerin und Güstrow.
1625 Die Herzogsfamilie Pommern-Wolgast stirbt aus. Pommern wird unter Führung des Hauses Stettin wieder vereint.
1627 Die mecklenburgischen Herzöge werden von Kaiser Ferdinand II. ins Exil gezwungen, da sie sich mit Dänemark verbündet hatten.
1628–30 Albrecht von Wallenstein regiert in Güstrow als Herzog von Mecklenburg.
1630 Die Schweden landen in Pommern. Wiedereinsetzung der Herzöge von Mecklenburg.
1637 Mit Bogislaw XIV. stirbt das pommersche Herzogshaus aus. Brandenburg erhebt Erbansprüche.
1648 Im Westfälischen Frieden fallen Wismar, Neukloster und die Insel Poel an Schweden. Zum Ausgleich erhält Mecklenburg die säkularisierten Bistümer Schwerin und Ratzeburg. Vorpommern und Rügen fallen bis 1815 unter das Generalgouvernement Schwedens. Brandenburg erhält Hinterpommern.
um 1700 Teeröfen und Glashütten, besonders im Raum der Mecklenburgischen Seenplatte, bedingen den Raubbau an den mecklenburgischen Wäldern. Erst Mitte des 19. Jh. werden Kiefernwälder auf dem trockenen Sandboden wieder aufgeforstet.

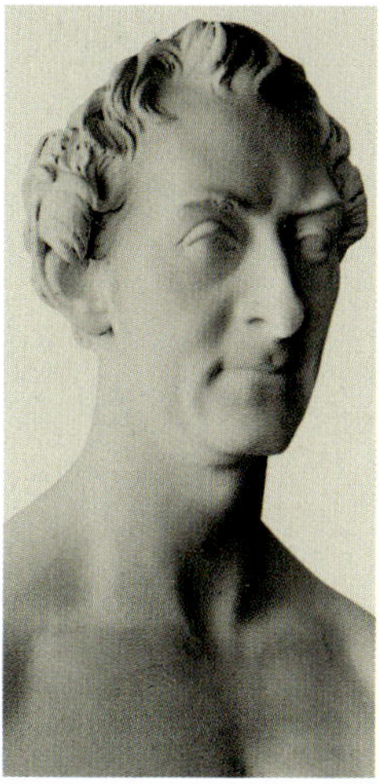

Großherzog Georg von Mecklenburg-Strelitz (1816–1860), Büste von Chr. Daniel Rauch

1701 Die Erbstreitigkeiten nach dem Erlöschen der Linie Mecklenburg-Güstrow (1695) regelt der ›Hamburger Vergleich‹ durch Teilung des Landes Mecklenburg in die Herzogtümer Mecklenburg-Schwerin und Mecklenburg-Strelitz, wobei Strelitz auch das Fürstentum Ratzeburg erhält.
1720 Im ›Frieden von Stockholm‹ wird Vorpommern aufgeteilt: Rügen und das Festland nördlich der Peene bleiben bei Schweden, während die südliche Region mit Anklam, Demmin, Pasewalk, Stettin sowie den Inseln Usedom und Wollin an Preußen fällt.
1755 Der ›Landesgrundgesetzliche Erbvergleich‹ regelt in Mecklenburg die Rechte von Fürst und Ständen (er bleibt bis 1918 gültig): Die Ritterschaft behält ihre Privilegien, die Leibeigenschaft der Bauern wird bekräftigt.
1774 Caspar David Friedrich kommt in Greifswald zur Welt († 1840 in Dresden).
1777 Philipp Otto Runge wird in Wolgast geboren († 1810 in Hamburg).
1793 Außerhalb der Stadt Bad Doberan lässt der Herzog von Mecklenburg-Schwerin ein Kurhaus errichten. Noch im selben Jahr erhält Heiligendamm als erstes deutsches Seebad den Bädertitel und entwickelt sich rasch zur favorisierten Sommerfrische des Adels.
1803 Schweden verpfändet Wismar, Neukloster und die Insel Poel für 100 Jahre an Mecklenburg-Schwerin.
1806 König Gustav IV. Adolf von Schweden führt die schwedische Verfassung in Vorpommern ein und hebt die Leibeigenschaft auf. Kurz darauf werden Mecklenburg und Vorpommern unter Marschall Bernadotte von Napoleonischen Truppen besetzt.
1808 Die Herzöge von Mecklenburg-Schwerin und Mecklenburg-Strelitz treten dem Rheinbund unter Napoleon gegen Österreich und Preußen bei.
1815 Im Wiener Kongress werden die beiden mecklenburgischen Herzogtümer zu Großherzogtümern. Rügen und der schwedische Teil Vorpommerns werden mit Preußen vereinigt.
1820 Die beiden mecklenburgischen Großherzogtümer heben die Leibeigenschaft der Bauern auf.
ab 1821 Infolge hoher Arbeitslosigkeit wandern Tausende nach Amerika aus. Gutsbesitzer ziehen polnische Saisonarbeiter, sog. Schnitter, zur Ernte heran.
1825 In Vorpommern und auf Rügen wird die allgemeine Schulpflicht eingeführt.
1827 Am Kap Arkona, am Nordzipfel von Rügen, wird der erste Ostsee-Leuchtturm gebaut.
1844 Mecklenburg erhält Anschluss an die Eisenbahnverbindung Berlin–Hamburg.
1848 Im März opponieren bürgerliche Reformer gegen die mecklenburgischen Großherzöge. Das Ständesystem wird aufgehoben sowie die Pressefreiheit und

◁ *Hohe Arbeitslosigkeit zu Beginn des 19. Jh. lässt Tausende auswandern*

ein demokratisches Wahlrecht durchgesetzt.

1850 Durch den ›Freiwalder Schiedsspruch‹ gelingt der konservativen Ritterschaft die Wiedereinsetzung der alten Ständeverfassung. Die wirtschaftliche und politische Entwicklung stagniert, Mecklenburg gehört zu den ärmsten und rückständigsten Ländern auf deutschem Gebiet.

1871 Mecklenburg und Vorpommern werden Teilstaaten des Deutschen Reiches.

1882 Im Ostseebad Kühlungsborn entwirft der Korbmacher Wilhelm Bartelmann den ersten Strandkorb der Welt.

1903 Schweden verzichtet auf Wismar, Neukloster und Poel. Die Gebiete kommen endgültig zu Deutschland.

1918 Selbstmord des Großherzogs von Mecklenburg-Strelitz. Der Schweriner Großherzog Friedrich Franz IV. dankt im November ab.

1919/20 Mecklenburg-Schwerin und Mecklenburg-Strelitz werden zu Freistaaten. Vorpommern bleibt der preußischen Provinz Pommern zugehörig.

1934 Unter den Nationalsozialisten werden die beiden mecklenburgischen Freistaaten zum Land Mecklenburg vereint. Schwerin wird Regierungssitz.

1939–45 Während des Zweiten Weltkriegs ist die Werft- und Rüstungsindustrie in Wismar, Rostock und Stralsund Ziel der alliierten Luftangriffe. In Peenemünde werden unter Leitung Wernher von Brauns Raketen für den Kriegseinsatz (›V-Waffen‹) entwickelt.

1945 Ende des Zweiten Weltkriegs ist Mecklenburg von den Sowjets besetzt. Auf der ›Potsdamer Konferenz‹ wird Hinterpommern Polen zugesprochen. Vereinigung Mecklenburgs mit Vorpommern unter dem

Das Landeswappen

Das seit 1990 gültige Landeswappen von Mecklenburg-Vorpommern zeigt einen gevierten Schild. Links oben und rechts unten steht der schwarze mecklenburgische Stierkopf mit Krone, rechts oben der rote pommersche Greif im Profil und links unten der rote brandenburgische Adler.

Schon 1908 floriert in Binz auf Rügen das Strandleben

Kriegsende: Wernher von Braun (mit Gips) wird in Süddeutschland von Amerikanern festgenommen

Landesnamen Mecklenburg-Vorpommern (ab 1947 nur noch Mecklenburg genannt). Der Flüchtlingsstrom aus Ostpreußen, Westpreußen und Pommern führt zu einer Verdopplung der Bevölkerung auf 2 Mio. Einwohner.

1946 Durch die Bodenreform wird Großgrundbesitz über 100 ha entschädigungslos enteignet und unter dem Motto ›Junkernland in Bauernhand‹ an Neubauern und Umsiedler vergeben.

1952 Im Rahmen einer Verwaltungsreform entstehen die drei mecklenburgischen Bezirke Rostock, Neubrandenburg und Schwerin. Zu letzterem gehören auch die ehemals brandenburgischen Gebiete Uckermark und Westprignitz.

1990 In der letzten Volkskammersitzung der DDR-Übergangsregierung am 12. September werden im heutigen Mecklenburg-Vorpommern die Grenzen von drei Nationalparks (Müritz, Jasmund und Vorpommersche Boddenlandschaft), und zwei Biosphärenreservaten (Südost-Rügen, Schaalsee) festgelegt. – Nach dem Fall der Mauer (9. Nov. 1989) tritt am 3. Oktober die DDR der Bundesrepublik Deutschland bei. Das Bundesland Mecklenburg-Vorpommern wird gegründet mit Schwerin als Landeshauptstadt. Uckermark und Westprignitz gehen an Brandenburg.

1995 Anlässlich der 995 urkundlich erwähnten slawischen ›Mikilinborg‹ begeht Mecklenburg-Vorpommern seine Tausendjahrfeier.

1998 Ministerpräsident Harald Ringstorff führt die bundesweit erste Koalition aus SPD und PDS.

2002 Stralsund und Wismar werden als Weltkulturerbe der UNESCO gelistet.

2003 Rostock beherbergt die 6. Internationale Gartenbauausstellung.

2005 Schwere Schäden durch Winterstürme auf Rügen: Am 24. Februar stürzen die Wissower Klinken in die Ostsee. – Im Dezember Fertigstellung der Ostseeautobahn A 20 zwischen Lübeck und Stettin.

2007 Im Juni findet im Ostseeheilbad Heiligendamm 15 km westlich von Rostock der stark umstrittene 33. G8-Gipfel statt.

2008 Nach vier Jahren Bauzeit im Oktober Einweihung der 4,1 km langen Stahlbeton-Brücke zwischen dem Festland und der Insel Rügen. Diese zweite Strelasundquerung ist Deutschlands längste Brücke.

2009 Bundesgartenschau in Schwerin.

Kanzlerin Angela Merkel macht den Weg frei - nach elf Jahren Bauzeit ist die Ostseeautobahn zwischen Lübeck und Stettin fertig

Knallige Farben, schilfgedeckt – in Born auf dem Darß

Unterwegs

Mecklenburger Bucht – Strandkorb-Flair und Hanse-Stolz

Die Route entlang der Mecklenburger Bucht führt über die sog. **Bäderstraße**, womit keineswegs die B 105 gemeint ist, sondern kleinere, manchmal holperig-kurvige Landstraßen, die mehr Natur und Eindrücke vom dörflichen Leben Mecklenburgs bieten. Stets spürt man die leichte Brise und hat den Geruch von Salzwasser und Tang in der Nase, auch wenn das Meer nur hin und wieder zu sehen ist. Aufgereiht wie Perlen an einer Kette liegen zwischen zwei stolzen **Hansestädten** die schönsten und ältesten deutschen **Seebäder**.

Die Reise beginnt in **Wismar** mit anschließenden Ausflügen in den Klützer Winkel und das Ostseebad Boltenhagen. Über die idyllische Insel Poel und vorbei am Salzhaff geht es zu den Ostseebädern Rerik und Kühlungsborn, dann weiter über Heiligendamm, Bad Doberan und das Ostseebad Nienhagen. Kilometerlange weiße Sandstrände laden hier zum Baden und Spazierengehen ein. **Rostock**, die größte Stadt des Landes, Warnemünde und das Ostseebad Graal-Müritz in der Rostocker Heide setzen die Schlusspunkte dieser **Bäderreise**.

1 Wismar

Plan Seite 20

TOP TIPP *Hansestadt mit bezauberndem Altstadtkern.*

Wohnhäuser mit schönen Giebelfassaden, kleine Kneipen und allerlei Läden prägen das Straßenbild Wismars. Seit 1990 führt die Stadt, die rund 45 000 Einwohner zählt, wieder offiziell den Beinamen ›Hansestadt‹. Ihre Haupterwerbszweige sind die Fischerei und der Schiffsbau. 2002 nahm die UNESCO Wismars Altstadt wegen ihrer einzigartigen Bausubstanz in die Weltkulturerbeliste auf.

Geschichte Die 1229 erstmals urkundlich erwähnte Stadt Wismar wurde vermutlich von Lübecker Bürgern gegründet. Von 1257 bis 1358 war Wismar Sitz des mecklenburgischen Fürstenhauses. Mit Rostock und Lübeck verband sich die Stadt 1259 gegen die Seeräuberei, aus diesem Bündnis entstand später das ›Wendische Kontor‹ der Hanse, die Wismar Wohlstand brachte. Wismarer Kauf-

›Alter Schwede‹ (Mitte) und Wasserkunst – Highlights auf dem hektargroßen Marktplatz von Wismar ▷

leute und Schiffer handelten in Skandinavien, Russland, England, Frankreich, Flandern, Spanien und Portugal. 1631 eroberten schwedische Truppen die Stadt, die 1648 samt der Insel Poel und dem Amt Neukloster an Schweden abgetreten wurde. 1803 von den Schweden lediglich für 100 Jahre an den Herzog von Mecklenburg-Schwerin verpfändet, ging Wismar 1903 endgültig an Mecklenburg.

Um die Wende zum 20. Jh. entstanden bedeutende Firmen in Wismar, so eröffnete 1881 Rudolph Karstadt hier sein Stammhaus. 1934 gründeten die Norddeutschen Dornier-Flugzeugwerke eine Zweigniederlassung, die den Bomber Heinkel He 111 produzierte. Während des Zweiten Weltkriegs war Wismar deswegen Ziel der Royal Air Force, sodass 29 % der Wohnhäuser und 80 % der Fabriken zerstört wurden. Heute steht der gesamte Altstadtkern unter Denkmalschutz.

Besichtigung Von welcher Seite man sich der geschäftigen Hafen- und Handelsstadt auch nähert, immer wird ihre Silhouette von den drei gotischen Hauptkirchen dominiert. Ein Stadtrundgang beginnt günstigerweise an der majestätisch wirkenden, backsteinernen **St. Georgen-Kirche** ❶. Die dreischiffige Basilika (um 1300, wesentliche Teile 15. Jh.) war 1945 ausgebrannt und in den 1950er-Jahren teilweise wiederaufgebaut worden. Diese Arbeiten wurden 1990 erneut aufgenommen und sollen bis etwa 2010 abgeschlossen sein.

Reich geschmückter Fürstenhof

Als eines der bedeutendsten mecklenburgischen Renaissancebauwerke gilt der gegenüberliegende **Fürstenhof** ❷, der in zwei Etappen entstand: Während Herzog Johann Heinrich von Mecklenburg den spätgotischen Westflügel an der Bliedenstraße im Jahre 1513 in Auftrag gab, ließ Herzog Johann Albrecht I. 1555 den Nordflügel, das Neue Haus, durch Baumeister Gabriel von Aken im Stil der italienischen Renaissance anfügen. Der Herzog bezog sein nach Vorbild des herzoglichen Palazzos in Ferrara ausgeführtes Stadtschloss nach seiner Vermählung mit Anna Sophia von Preußen. Heute hat hier das Amtsgericht seinen Sitz. Bemerkenswert sind vor allem die *Terrakotta-*

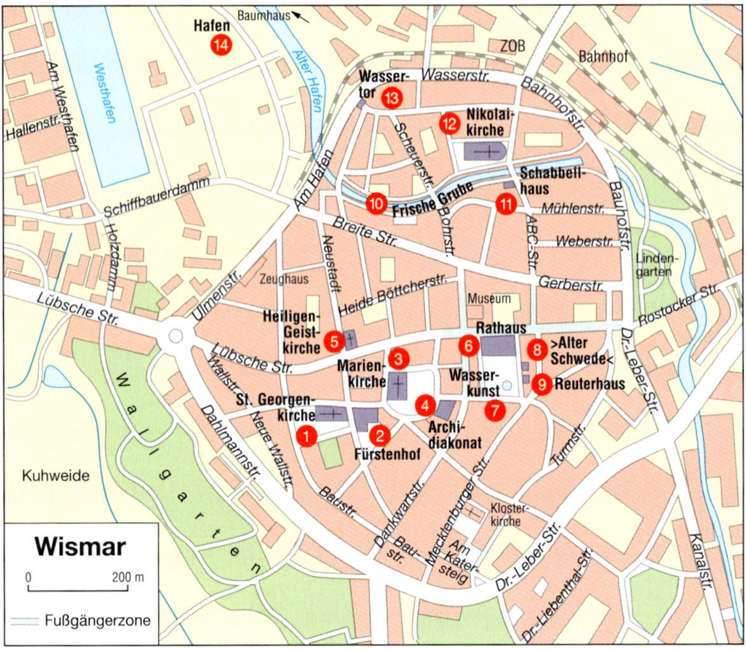

platten am Neuen Haus aus der Werkstatt des Lübecker Meisters Statius von Düren. Ein Augenschmaus sind die Rahmungen, Medaillons, Karyatiden und Friese mit Szenen aus dem Trojanischen Krieg (Straßenfront) und dem Gleichnis vom Verlorenen Sohn (Hofseite).

St. Marienkirchhof

Den Fürstenhof überragt der Turm der **Marienkirche** 3. Die mächtige gotische Basilika, nach dem Vorbild der Lübecker Marienkirche erbaut, wurde nach Kriegsschäden abgerissen. Erhalten blieb lediglich der 80 m hohe Turm samt Nebenhallen, Turmuhr und Glockenspiel mit 14 verschiedenen Chorälen (tgl. 7, 12 und 18 Uhr). Das gegenüberliegende **Archidiakonat** 4 (um 1450) ist ein nach Kriegszerstörungen wieder aufgebautes schönes Zeugnis norddeutscher Backsteingotik.

Heiligen-Geist-Kirche

Viele der im Krieg aus Marien- und Georgenkirche geretteten Stücke fanden einen Platz in der **Heiligen-Geist-Kirche** 5, der ehem. Kirche des Hospitals zum Heiligen Geist. Von der spätgotischen Anlage blieben die Saalkirche, ihre sehenswerten barocken Deckenmalereien mit alttestamentarischen Szenen, drei Kapellenbauten sowie das an die Kirche angebaute ›Lange Haus‹ erhalten.

Fotogene Bauten am Marktplatz

Barocke und klassizistische Giebelhäuser säumen den hektargroßen **Marktplatz**. Seine Nordseite nimmt das breit gelagerte, klassizistische **Rathaus** 6 ein. Beim Neubau (mit Seitenrisaliten und betontem Mitteleingang) bezog Johann Georg Barca 1817 auch Reste eines gotischen Gebäudes mit ein, die noch im kreuzrippengewölbten Rathauskeller (Dauerausstellung zur Stadtgeschichte, tgl. 10–18 Uhr) sichtbar werden. 1986 wurde hier auch eine Wandmalerei freigelegt, die ein turbulentes Trinkgelage auf einer Kogge darstellt. Renaissancekleinod und Wahrzeichen Wismars ist der zierliche Pavillon der **Wasserkunst** 7 in dem südöstlichen Eck des Marktes. Meister Philipp Brandin aus Utrecht schuf diesen zwölfseitigen Tempietto mit kupfernem Glockendach (1580–1602), eine kunstvolle Verteilstelle der öffentlichen Wasserversorgung, die vom 17. bis Ende des 19. Jh. die Wismarer mit Metelsdorfer Quellwasser versorgte.

Blickfang an der Ostseite des Marktplatzes ist das gotische Giebelhaus **›Alter Schwede‹** 8, eines der ältesten Wismarer Bürgerhäuser (um 1380) mit reich verzierten Fenstern im herrlichen Backstein-

Treppengiebel und einer Gaststätte im Inneren. Im **Reuterhaus** ❾ rechts daneben richtete Mecklenburgs erfolgreichster Verleger, Dethloff Carl Hinstorff, seine erste eigene Verlagsbuchhandlung ein. 1859 unterzeichnete hier der Volksdichter Fritz Reuter [s. S. 89] seinen ersten Vertrag über die Herausgabe der erfolgreichen plattdeutschen Erzählungen ›Läuschen un Rimels‹ (Erlauschtes und Gereimtes).

Stadtgeschichtliches Museum

Nordwärts erreicht man am Ende der Bohrstraße die **Frische Grube** ❿, einen einst schiffbaren Graben, der die Grenze zwischen der Altstadt und einer noch älteren Siedlung direkt an der Wismarbucht bildete. Im **Schabbellhaus** ⓫, an der Schweinsbrücke 8, hat das *Stadtgeschichtliche Museum* (www.schabbellhaus.de, Mai–Okt. Di–So 10–20, Nov.–April 10–17 Uhr) seinen Sitz. Den Bau (1569–71) gab der Ratsherr, Bierbrauer und Bürgermeister Hinrich Schabbell beim Renaissance-Architekten Philipp Brandin in Auftrag. Das eindrucksvolle Brau- und Wohnhaus im Stil der niederländischen Renaissance zeigt die typische Geschossgliederung in Diele, Etagen und Speicher. Die Sammlung umfasst Exponate zur Kultur und Geschichte der Hansestadt, darunter Ge-mälde der Rubensschule, kostbare Hansekannen und die berühmten, bunt bemalten Schwedenköpfe, die die Pfähle der Wismarer Hafeneinfahrt markierten.

Altarwerke in St. Nikolai

Direkt gegenüber ragt Wismars Hauptgotteshaus, die **Nikolaikirche** ⓬, empor, wiederum dem Typus der Lübecker Marienkirche angehörend. 1380 begann Heinrich von Bremen mit der Errichtung des Chors und ab 1435 setzten Hermann von Münster und Peter Stolp die Arbeit am Langhaus fort. Außen fasziniert der *Südgiebel* des Seitenschiffs, reich dekoriert mit einer Rosette, Friesen aus Formsteinen und figürlichen Reliefziegeln. Der Innenraum verdeutlicht die Kunst der extremen spätgotischen Vertikalstreckung. Das 37 m hohe Mittelschiff wird nur von Köln und Ulm übertroffen. Von der mittelalterlichen Ausmalung sind in beiden Turmhallen und in den Seitenschiffen wertvolle Reste erhalten. Zahlreiche kostbare Ausstattungsstücke, die zum Teil 1945 aus den anderen Wismarer Kirchen hierher überführt wurden, sind zu sehen: In der Südhalle ein mächtiger *Flügelaltar*, dessen 42 Holzfiguren mit ihren fließenden Gewändern im ›Weichen Stil‹ zu den beeindruckendsten Prunkstücken spätgotischer Schnitzkunst der gesamten Ostseeküste gehören. Im Chorumgang steht der *Krämeraltar* (1430) aus der Marienkirche, der die Madonna im Strahlenkranz zwischen Heiligen im Schrein und Szenen des Marienlebens auf den Flügeln zeigt. Qualitätvoll ist auch die *Bronzegrabplatte* (1504) mit einem Hochrelief der Herzogin Sophie in der zweiten nördlichen Seitenkapelle.

Der Krämeraltar (1430) ist eines der Meisterwerke der mittelalterlichen Wismarer Nikolaikirche

Stadtbefestigung und Hafen

Als einziges der fünf Wismarer Stadttore hat sich das **Wassertor** 13 am Ende des Spiegelbergs erhalten. Es entstand um 1450 mit einer Stadtmauer, die man 1841 abriss, weil sie den Ausbau der Chausseen und Eisenbahngleise behinderte. Das Spitzbogentor führt stadtauswärts zum **Hafen** 14, der nach Rostock der zweitgrößte an der ostdeutschen Küste ist. Besonders bunt ist das Bild im **Alten Hafen**, wo man am späten Nachmittag frischen Fisch direkt vom Kutter kaufen, eines der Ausflugsschiffe besteigen oder die dort liegenden historischen Segler bestaunen kann – wie die *Poeler Kogge*, die hier nach spätmittelalterlichen Wrackfunden rekonstruiert wurde und nun wieder segeltüchtig ist. Auch bei den Wismarern ist ein Spaziergang entlang des Hafenkais bis zum **Baumhaus**, in dem heute Ausstellungen stattfinden, beliebt. Das Backsteingebäude mit dem abgewalmten Mansarddach erhielt seinen Namen vom sog. Baum, einem Langholz, mit dem im 18. Jh. die Wächter die Hafeneinfahrt absperren konnten. Die zwei gusseisernen *Schwedenköpfe* (Originale im Stadtgeschichtlichen Museum) beidseits des Eingangs hatten bis 1750 ihren Platz an der Hafeneinfahrt.

Eine gute Alternative bei schlechtem Wetter ist das **Wonnemar** (Bürgermeister-Haupt-Str. 38, Mai–Sept. tgl. 10–21, sonst So-Do 10–22, Fr/Sa 10–23 Uhr) mit Spaßbad, Fitness- und Beautycenter.

i Praktische Hinweise

Information

Tourist-Information, Am Markt 11, Wismar, Tel. 03841/19433, Fax 03841/2513091, www.wismar.de

Wismar: Schwedenkopf im Schabbellhaus

Hotels

Altes Brauhaus, Lübsche Str. 37, Wismar, Tel. 03841/211416, Fax 03841/211418, www.hotel-altes-brauhaus.m-vp.de. Hotel garni im ehem. Brauhaus von 1550 in der Altstadt, rustikal eingerichtet.

Biohotel Reingard, Weberstr. 18, Wismar, Tel. 03841/284972, Fax 03841/213497, www.hotel-reingard.de. Zwölf individuell möblierte Zimmer in der Altstadt. Im Haus: ›Schröders Gourmet Restaurant‹.

New Orleans, Runde Grube 3, Wismar, Tel. 03841/26860, Fax 03841/268610, www.hotel-new-orleans.de. 28 angenehm helle Zimmer am alten Hafen, gegenüber dem Jachthafen. Restaurant und American Bar im Haus.

Pension Gästehaus Wismaria, Bohrstr. 4, Wismar, Tel. 03841/214761, Fax 03841/211747, www.hotel-alter-speicher.de. Preiswerte Zimmer und Ferienwohnungen in der Altstadt, Buchung nebenan im Hotel Alter Speicher.

Steigenberger Stadt Hamburg, Am Markt 24, Wismar, Tel. 03841/2390, Fax 03841/239239, www.wismar.steigenberger.de. Cooles Ambiente hinter klassizistischer Fassade, individuell eingerichtet. Restaurant, Café und Bierkeller.

Restaurants

Brauhaus am Lohberg, Kleine Hohe Str. 15, Wismar,Tel. 03841/250238, www.brauhaus-wismar.de. Frisch gebrautes Bier vom Fass auf einem alten Hopfenboden direkt am Alten Hafen.

To'n Ossen (im Hotel Alter Speicher), Bohrstr. 12 a, Wismar, Tel. 03841/211746, www.hotel-alter-speicher.de. Rustikal eingerichtetes Galerie-Restaurant mit guter einheimischer Küche.

Zum Weinberg, Hinter dem Rathaus 3, Wismar, Tel. 03841/283550, www.weinberg-wismar.de. Behaglich-historische Gaststätte in Diele und Galerie eines stattlichen Giebelhauses des 14. Jh.

2 Klützer Winkel

Die fettesten Böden und saftigsten Wiesen Mecklenburgs.

Klützer Winkel wird das Gebiet zwischen Ostseeküste, Wismar und dem Städtchen Dassow an der Grenze zu Schleswig-Holstein genannt. Die saftig grünen Wiesen und weiten Kornfelder bilden Mecklen-

Klützer Winkel – stilles Bauernland: Alleen durchschneiden die Weite der Felder

burg-Vorpommerns fruchtbarsten Landstrich, weswegen die Gegend auch den Spitznamen ›Speckwinkel‹ erhielt.

Namengebendes Städtchen Klütz

Die Kleinstadt Klütz (3100 Einw.) ist das wirtschaftliche und kulturelle Zentrum des Klützer Winkels. Von hier stammte die literarische Figur der Gesine Cresspahl aus dem Werk ›Jahrestage‹ von Uwe Johnson (1934–84).

An den zeitlebens mit Mecklenburg verbundenen Schriftsteller erinnert das **Literaturhaus ›Uwe Johnson‹** (Im Thurow 14, Mai–Okt. Mo–Fr 10–17, Sa/So 11–17, sonst jew. bis 16 Uhr). Es ist mit seiner empfehlenswerten Dauerausstellung zu Biografie und Werk des Autors in einem ehem. Getreidespeicher aus dem Jahr 1890 nahe dem Marktplatz untergebracht, in dem auch die Stadtinformation Klütz Platz fand. Abends finden hier auch Lesungen und Diskussionen statt.

Auf einer Anhöhe über dem Marktplatz liegt die **Marienkirche** (Mitte 13. Jh.). Den Turm nennen die Klützer wegen seines auffälligen achteckigen Helmdaches ›Bischofsmütze‹.

Gut ausgeschildert ist in Klütz der Weg nach **Schloss Bothmer** (kleine Führung April–Sept. tgl. 10.30, 13 und 15.30 Uhr, ca. 45 Min., kulturhist. Führung März–Okt. Sa/So/Fei 11.30 und 14.30 Uhr, ca. 80 Min.) am südlichen Ortsrand. Seit 2008 gehört dieser größte barocke Schlosskomplex Mecklenburgs der Landesregierung. Hans Caspar Graf von Bothmer hatte die symmetrisch angelegte *Anlage* mit elfachsigem Zentralbau, geschwungenen Eckpavillons und Kavaliershäusern – alles in unverputztem Backstein – 1726–32 von Johann Friedrich Künnecke errichten lassen. Als architektonisches Vorbild diente vor allem *Het Loo*, ein Schloss Wilhelm III. von Oranien in den Niederlanden. Aber auch verschiedene englische Herrenhäuser, die Graf Bothmer in seiner Funktion als ›erster Minister für die deutschen Angelegenheiten‹ in Diensten König Georg I. kennen lernte, dürften den Baustil geprägt haben. Das Giebelfeld des Mittelrisalits zeigt das Bothmer'sche Wappen, dazu die gräflichen Initialen in goldenen Lettern und den Familienwahlspruch ›Respice finem‹ (Gedenke des Endes). Die Innenräume des Corps de logis sind zwar teilweise beschädigt (Restaurierung geplatn), aber bis heute fast unverändert erhalten. Höhepunkte sind der holzgetäfelte *Ahnensaal*, das *Intarsienkabinett* und der *Festsaal* (1750), der Stuckdekorationen des Italieners Andrea Maini trägt. Im marmornen *Gartensaal* wird während der Sommermonate ein Café betrieben.

Das Schloss ist von einem wunderschönen, 12 ha großen **Landschaftsgarten** (April–Sept. tgl. 10–20, März/Okt. 10–18, Nov.–Febr. 10–16 Uhr) mit Wassergraben und vielen Wegeachsen umgeben. Einzigartig in Deutschland ist die 270 m lange sog. *Festonallee*, eine noch vor Mitte des 18. Jh. angepflanzte Allee aus girlandenartig beschnittenen holländischen

Schloss Bothmer, Mecklenburgs größte barocke Schlossanlage, wurde 1732 von Johann Friedrich Künnecke nach englischem Vorbild errichtet

Linden, die von dem Gemeindeteil Hofzumfelde bis zur Erdbrücke über den Schlossgraben auf die Zentralansicht des Schlosses zuführt. Kulturellen Hochgenuss versprechen auch die jeden Sommer hier im Schlosspark stattfindenen Open-Air-Klassik-Konzerte der **Festspiele Mecklenburg-Vorpommern** (Tel. 03 95/ 591 85 85, www.festspiele-mv.de).

Das *Grab* des ersten Schlossherrn Hans Caspar Graf von Bothmer (1656–1732) ist auf dem kleinen Friedhof neben dem Parkplatz des Schlosses zu sehen.

Es lohnt sich, wenige Kilometer weiter nach Süden in die kleine Gemeinde **Damshagen** zu fahren. Dort hat in der *Alten Schmiede* in der Klützer Str. 33d die **Algenwerkstatt** (Tel. 03 88 25/37 99 38, www.algenwerkstatt.de, Mo–Do 9–12 und 13–17, Fr 9–13 Uhr) ihren Sitz. Sie verwertet Strandgut einmal anders – und stellt aus Ostseealgen Papier her. Besucher können hier mit Anleitung sogar einige Bögen des außergewöhnlich strukturierten Papiers selbst schöpfen.

Steinzeitdorf Kussow

9 km südlich von Klütz lässt das **Steinzeitdorf Kussow** (Tel. 038 81/71 50 55, www.steinzeitdorf-kussow.de, Mai–Sept. tgl. 10–18, April/Okt. tgl. 10–17 Uhr) Archäologen-Herzen höher schlagen. Das Steinzeit-Freilichtmuseum zeigt, wie die einst hier ansässigen ›Leute der Trichterbecherkultur‹ vor über 6000 Jahren wohnten, arbeiteten und sich ernährten.

Einst im Abseits: Dassow

Das Ackerbürgerstädtchen Dassow (www.stadt-dassow.de) am äußersten Ostufer einer Bucht der Travemündung war zu DDR-Zeiten von Stacheldraht und Mauern umgeben und auch für einen Verwandtenbesuch unzugänglich, da es im streng bewachten Sperrgebiet der innerdeutschen Grenze lag. Positiv wirkte sich die erzwungene Abgeschiedenheit auf Flora und Fauna des bereits Lübeck zugehörigen Naturschutzgebiets **Dassower See** aus. Der 8 km^2 See, ein Teilbereich der Trave, ist ebenso wie die röhrichtreichten Uferzonen der einmündenden Stepenitz ein Paradies für Wasser- und Zugvögel. Von Lübeck oder Travemünde aus werden aber Bootsausflüge nach Dassow angeboten.

i Praktische Hinweise

Information

Stadtinformation Klütz, Im Thurow 14, Klütz, Tel. 03 88 25/222 95, Fax 03 88 25/ 223 88, www.kluetzer-winkel.de

Hotels

Feriendorf an der Ostsee, An der Chaussee 5, Wohlenberg (6 km östl. von Klütz), Tel. 03 88 25/410, Fax 03 88 25/ 411 00, www.feriendorf-ostsee.de. Kleine Anlage auf dem Lande, 150 m vom Ostseestrand am Wohlenberger Wiek entfernt. Restaurant, Radverleih und Sauna.

Gasthof Altes Rathaus, August-Bebel-Str. 1, Grevesmühlen, Tel. 038 81/758 80, Fax 038 81/75 88 20, www.gasthof-altes-rathaus.de. Eingerichtet im mittelalterlichen Stil, mecklenburgische Spezialitäten werden auf Zinngeschirr serviert.

TOP TIPP **Gutshaus Stellshagen**, Lindenstr. 1, Stellshagen (2 km nördl. von Damshagen), Tel. 03 88 25/440, Fax 03 88 25/443 33, www.gutshaus-stellshagen.de. ›Bio- und Gesundheitshotel‹ in historischem Backstein-Herrenhaus. Gesundheitszentrum, vegetarische Küche. 19 km zum Ostseestrand.

Ostseehotel Klützer Winkel, Kalkhorster Str. 5, Hohen Schönberg (6 km westl. von Klütz), Tel. 03 88 27/88 70, Fax 03 88 27/887 77, www.ostseehotel-kluetzer-winkel.m-vp.de. Zimmer und Apartments in neuem Backstein-Fachwerkhaus, schönes Hallenbad. Restaurant mit Hausmannskost. 3 km zum Strand.

Restaurants

Klützer Mühle, An der Mühle, Klütz/Niederklütz, Tel. 03 88 25/221 02, www.kluetzer-muehle.de. In der 1904 erbauten holländischen Galeriewindmühle werden überwiegend regionale Spezialitäten serviert (Anf. Nov.–25. Dez. und Anf. Jan.–Febr. geschl.).

Schloss-Restaurant Lütgenhof, Ulmenweg 10, Dassow, Tel. 03 88 26/82 50, www.schloss-luetgenhof.de. Hervorragendes Restaurant (Chefkoch Stefan Günster) im dezent und geschmackvoll renovierten Schlosshotel mit Sommerterrasse, Ausblick auf die Stepenitzniederung.

TOP TIPP **Schlossrestaurant Schlossgut Groß Schwansee**, Am Park 1, Groß Schwansee (7 km nordwestl. von Klütz), Tel. 03 88 27/884 80, www.schwansee.de. Das edle Restaurant mit freundlich-puristischem Ambiente und exquisiter Küche ist das Reich von Kay Richter. Reservierung empfohlen.

3 Ostseebad Boltenhagen

Beliebtes Familien-Seebad.

In sanftem Bogen zieht sich das kleine, staatlich anerkannte Ostseeheilbad Boltenhagen an der Boltenhagener Bucht längs. Das Ortsbild wird vor allem an der **Mittelpromenade** von hübschen holzverschalten Häuschen geprägt, in denen Cafés, Boutiquen und Souvenirläden ihre Waren anbieten. Über die ganze Länge ist die Strandpromenade durch einen Kiefernwald vom Autoverkehr der Ortsdurchfahrt abgeschirmt. Von der 290 m ins Meer hinausreichenden **Seebrücke** legen Bäderschiffe nach Wismar, zur Insel Poel, nach Travemünde und Grömitz ab. Es gibt zwei Reha-Kliniken, ein Kurzentrum, das **Ostsee-Thermalbad** mit Meerwasserschwimmhalle sowie ausgewiesene Wanderwege und ein gut ausgeschildertes Radnetz.

Im Jahr 1803 entdeckte die Grafenfamilie Bothmer die Vorzüge des rund 4 km langen Sandstrandes und ließ hier den ersten Miet-Badekarren aufstellen. Um

Familienfreundlich – Badevergnügen für Jung und Alt am kilometerlangen steinfreien Sandstrand von Boltenhagen. Im Hintergrund ragt die Steilküste Großklützhöved auf

Postkartenidylle auf der Insel Poel – der Hafen von Timmendorf

die Mitte des 19. Jh. war Boltenhagen noch ein ärmliches Dorf. Für die Einwohner war der Badebetrieb eine willkommene Aufbesserung der schmalen Einkünfte. Gern schien sich der genussfreudige mecklenburgische Mundartdichter Fritz Reuter bei den Fischersleuten Schwartz (heute Fritz-Reuter Weg 13 a) erholt zu haben. Im August 1855 schrieb er aus Boltenhagen an eine Bekannte: »Ich habe das Vergnügen, Ihnen zu melden, dass ich hier ein Leben führe wie die Fliege in der Buttermilch ...«

Am Strand entlang geht es Richtung Westen zu der beeindruckenden, 30 m hohen **Steilküste Großklützhöved** bei Redewisch, die herrliche Blicke über die Mecklenburger Bucht gewährt. Wenige Kilometer weiter kann man vom **Tarnewitzer Kamp** die Aussicht über die flache Bucht der Wohlenberger Wiek genießen, bei gutem Wetter sogar bis Wismar!

i Praktische Hinweise

Information

Kurverwaltung, Ostseeallee 4, Boltenhagen, Tel. 03 88 25/36 00, Fax 03 88 25/360 30, www.boltenhagen.de

Hotels

Gutshaus Redewisch, Dorfstr. 46, Boltenhagen – OT Redewisch, Tel. 03 88 25/37 60, Fax 03 88 25/376 37, www.gutshaus-redewisch.de. Behagliches frühklassizistisches Gutshaus mit Hotel und Restaurant. Wellnesbereich, großer Garten.

Seehotel Großherzog von Mecklenburg, Ostseeallee 1, Boltenhagen, Tel. 03 88 25/500, Fax 03 88 25/505 00, www.seehotel-boltenhagen.de. Großzügiger Neubau der Luxusklasse, Restaurant, Café, Bistro und Bar im Haus.

Restaurant

Da Capo, Mittelpromenade 2, Boltenhagen, Tel. 03 88 25/262 22. Kleiner guter ›Italiener‹ gegenüber vom Kurhaus. Immer gut besucht.

4 Ostseebad Insel Poel

Mit 37 km² die drittgrößte Insel der mecklenburgischen Ostseeküste.

Das 1163 erstmals erwähnte, später von Herzog Heinrich dem Löwen an drei Adelsfamilien verkaufte Eiland wurde 1648 mit Wismar der schwedischen Krone zugesprochen. Zu DDR-Zeiten war Poel für seine Kinderferienlager und betriebseigenen Ferienwohnungen bekannt. Mittlerweile haben sich die 2800 Einwohner mit Hotels, privaten Unterkünften und Reiterhöfen auf den modernen Urlaubsbetrieb eingestellt.

Die Insel ist flachwellig und von weiten Wiesen überzogen. Von Timmendorf im

Südwesten bis Gollwitz im Norden ziehen sich kilometerlange weiße **Sandstrände**. Zum Baden sind die flachen Ufer, die an einigen Stellen bis zu 30 m ins Wasser führen, besonders angenehm und kinderfreundlich. Vom Festland ist Poel ab Groß-Strömkendorf über einen Damm zu erreichen. Die Meerenge heißt Breitling. Zudem wird Kirchdorf ab Wismar von den Ausflugsdampfern der Clermont-Reederei angefahren. Der *Backsteinleuchtturm* von **Timmendorf** bekam 1996 beim Ausbau des Hafens einen neuen Tower. Bereits seit 1872 strahlt das Sektorenfeuer in die Wismarer Bucht und bietet Schiffen nachts Navigationshilfe.

Im Hauptort **Kirchdorf** laufen je nach Wetterlage morgens die Fischkutter in den Hafen ein. Manche Boote haben sogar eine kleine Räucherei an Bord und verkaufen den Aal direkt an die Urlauber. In der alten Dorfschule am Möwenweg 4 ist das **Inselmuseum** untergebracht (Mitte Mai–Mitte Sept. Di–So 10–16, sonst Di/Mi und Sa 10–12 Uhr). Gezeigt wird hier u. a. ein Holzmodell der einstigen Festungsanlage, die heute nur noch an sternförmigen Wällen und Gräben auf der Landzunge an der Kirchseebucht zu erkennen ist. Diese Festung ließ Herzog Adolf Friedrich von Mecklenburg ab 1610 erbauen, zu ihr gehörte auch ein Schloss und die noch vorhandene Kirche (mit zwei Schnitzaltären, 15. Jh.) auf dem Hügel in der Mitte der Anlage. Im Dreißigjährigen Krieg besetzten Wallensteins Truppen die Burg, die in den nachfolgenden Jahrhunderten gänzlich verfiel.

Am Schwarzen Busch, im Parkwäldchen der Ostseeklinik, erinnert die **Gedenkstätte Kap Arkona** an den 3. Mai 1945. Damals kamen mehr als 7000 aus dem KZ Neuengamme evakuierte Häftlinge ums Leben, als die drei Dampfer ›Deutschland‹, ›Kap Arkona‹ und ›Thielbeck‹ mit allen Menschen an Bord in der Neustädter Bucht bei Lübeck von britischen Bombern versenkt wurden. Die auf Poel angeschwemmten Opfer fanden am Schwarzen Busch ihre letzte Ruhe.

Die beiden Poeler **Naturschutzgebiete**, die südwestliche Inselspitze *Rustwerder* rund um den Faulen See und die winzige Insel *Langenwerder* im Nordosten, sind Vogelbrutgebiet und Lebensraum seltener Pflanzen. Auf Langenwerder unterhält der Verein zum Schutz der Watt- und Wasservögel ein Freilandlaboratorium mit Beringungsstation. Das Betreten ist nur zu bestimmten Terminen erlaubt.

Ausflug

Von der Landstraße zwischen Groß Strömkendorf und Blowatz führt eine kleine asphaltierte Straße nach **Wodorf**. Scheinbar fernab der Zivilisation erwartet den Besucher ein liebevoll renovierter Flecken. Im *Malerhus* (Dorfstr. 23, Führungen ab 10 Personen mit Voranmeldung, Tel. 03 84 27/276), einem reetgedeckten niederdeutschen Hallenhaus, lebt der Landschaftsmaler Rolf Möller und führt ein offenes Atelier, in dem er seine Aquarelle und Zeichnungen zeigt.

i Praktische Hinweise

Information

Kurverwaltung Ostseebad Insel Poel, Wismarsche Str. 2, Kirchdorf, Tel. 03 84 25/ 203 47, Fax 03 84 25/40 43, www.insel-poel.de

Unterkunft

Landhaus am Meer, Haus 12, Gollwitz auf Poel, Tel. 071 31/57 1818, Fax 071 31/ 57 13 13, www.insel-poel-ferienwohnungen.de. Gepflegte Ferienwohnungen in schmuckem Backsteinhaus mit friesischem Charme. Teichgrundstück mit Liegewiese und Kinderspielplatz, zwei Gehminuten zumStrand.

5 Dorf Mecklenburg

Die ›Wiege des Landes‹.

Dorf Mecklenburg liegt auf geschichtsträchtigem Boden, hier gründeten die slawischen Stämme der Obotriten im 7. Jh. die Burganlage Wiligrad (slaw. große Burg), den Hauptsitz ihrer Stammesfürsten. Am 10. September 995 stellte König Otto III. dort eine Urkunde aus, die erstmals den deutschen Burgnamen **Michelenburg** überliefert. Später wurde daraus der Landesname abgeleitet.

Die 2 ha große Wasserburg war von einem fast 13 m hohen **Ringwall** umschlossen. Bis ins 13./14. Jh. blieb sie bewohnt, dann verfiel sie allmählich und wurde bis auf den Ringwall abgetragen. Bei Grabungen entdeckten Archäologen 1970 gut erhaltene Reste von Blockhäusern und Flechtwandhäusern. Die Grabungen beschränkten sich allerdings auf Wall und Dorf, denn seit 1870 entstand auf den fürstlichen Wohnbereichen im Burginneren der örtliche Friedhof.

Farbenpracht in Neukloster: Schätze der Klosterkirche sind die spätromanischen Glasmalereien (1245) im Chor

Die kleine **Backsteinkirche** im Dorf beeindruckt wegen ihrer üppigen Knorpelwerkornamentik an Altar und Kanzelkorb mit Schalldeckel (17. Jh.).

Am Rambower Weg gibt das **Kreis-Agrarmuseum** (Tel. 038 41/79 00 20, www.schweriner-see.de/museum.htm, April–Okt. tgl. 10–16, Nov.–März Mo–Fr 10–16 Uhr) Einblicke in die Dorf- und Regionalgeschichte samt Landtechnik, Agrarpolitik, Haus- und Hofwirtschaft sowie die Geschichte des im Mittelalter angelegten ›Wallensteingrabens‹.

6 Neukloster

Die älteste Klosterkirche Mecklenburgs, direkt am Neuklostersee.

Im Stadtzentrum von Neukloster sind die von der Säkularisation im Jahr 1555 verschont gebliebenen Gebäude des ehem. **Zisterzienserinnenklosters Sonnenkamp** (www.neukloster-kirche.de) zu besichtigen. Das Kloster wurde 1219 von Benediktinerinnen gegründet, die 1245 die Zisterzienserregel annahmen. Die 1236 vollendete **Klosterkirche St. Maria** hatte vorbildhafte Wirkung auf den mecklenburgischen Kirchenbau des 13. Jh. Würdevoll wirkt die schlichte, streng gegliederte spätromanische Basilika noch heute. Prunkstücke sind die farbenprächtigen, schlanken *Glasfenster* in der Chorwand, entstanden um 1245 und somit die ältesten erhaltenen Glasmalereien Mecklenburgs. Dargestellt ist mehrere Aposten und Heilige in reichem Ornamentschmuck.

Der ursprüngliche Zweck des südöstlich gelegenen achteckigen **Glockenturms** ist nicht mehr bekannt. Er wurde im 15. Jh. als flaches Gebäude (Kapelle?) begonnen und erst 1586 aufgestockt. Über dem Tor prangen die Wappentafeln Herzog Ulrichs von Mecklenburg-Güstrow und seiner Gemahlin Elisabeth.

Zum Kloster gehörte die benachbarte **Propstei**, die an den schönen Blendgiebeln zu erkennen ist. In ihren Räumen befindet sich ein Kindergarten.

Im Jahr 2009 ist Neukloster Außenstandort der Schweriner Bundesgartenschau. Zu diesem Anlass wird der **Klostergarten** neu gestaltet, komplett mit *Kräuterbeeten* und *Klosterquelle*. Bei Kindern und Jugendlichen sehr beliebt ist der *Hochseilgarten* des Freizeitdorfs **Jugendscheune** (Klosterhof 2, Tel. 03 84 22/ 254 82, www.jugendscheune-neukloster.de) im Klosterpark. Hier kann man klettern und lernt, Seilbrücken und Holzflöße zu bauen.

Am Strand von Rerik: Sandburgen bauen oder im eigenen Handtuch-Terrain schlummern

i Praktische Hinweise

Information

Kultur- und Touristinformation, Hauptstr. 27 (Rathaus), Neukloster, Tel. 03 84 22/440 30, Fax 03 84 22/440 26, www.stadt-neukloster.de

Hotel

Seehotel, Seestr. 1, Nakenstorf, Tel. 03 84 22/254 45, Fax 03 84 22/256 30, www.seehotel-neukloster.de. Puristisch und hell möblierte Zimmer in einem reetgedeckten Fachwerkhaus am Neuklostersee mit Garten-Restaurant.

7 Ostseebad Rerik

Einstiges Fischerdorf mit wildromantischer Steilküste.

Rerik liegt auf einer schmalen Landzunge zwischen Salzhaff und Ostsee, genau am Übergang vom Festland zur Halbinsel Wustrow. Ein Irrtum wirkte namengebend: Die erstmals 1250 erwähnte Ansiedlung hieß ursprünglich Alt Gaarz und wurde 1938 umgetauft, da Forscher der Frühgeschichte hier den 808 von den Dänen verwüsteten Handelsort Rerik vermuteten. Ausgrabungen konnten diese Theorie jedoch bislang nicht bestätigen.

Das staatlich anerkannte Seebad ist ideal für Urlauber, die es eher beschaulich mögen. Wie sich am Segel-, Jacht- und Fischereihafen – Ausgangspunkt für Bootsrundfahrten auf dem Salzhaff – zeigt, ist Rerik ein **Dorado für Wassersportler**. Eine beliebte Veranstaltung die zum Saisonauftakt stattfindene Pfingstregatta auf dem Salzhaff. Am Salzhaff entlang wurde eine Promenade angelegt mit Kurpark und Spielplatz. Gegenüber auf der Landzunge, zur offenen Ostsee, zieht sich kilometerlang der schmale **Sandstrand** hin. An manchen Stellen ist der steile Dünenkamm von kleinen Buchten ausgehöhlt, die romantische Namen wie Liebesschlucht oder gruselige wie Teufelsschlucht tragen.

In der alten Schule, in der Dünenstr. 4, lädt das **Heimatmuseum** (Di 10–12 und 14–17, Mi/Do 14–17, Fr 10–12, Sa/So 14–16 Uhr, Mitte Mai–Mitte Sept. zusätzlich Mi 10–12, Fr 14–17, Sa bis 17, So 15–17 Uhr) zum Ausflug in die Seefahrtsgeschichte ein. Für Liebhaber der maritimen Volkskunst sind qualitätvoll gearbeitete Buddelschiffe und Schiffsmodelle ausgestellt, darunter die stolze Kogge aus dem Reriker Stadtwappen. Unbedingt besuchen sollte man die frühgotische **Pfarrkirche St. Johannes** (Führungen Mo/Do 10, So 11 Uhr). Das außen eher unscheinbare Gotteshaus überrascht im Inneren durch die einheitliche Barockausstattung, vor allem aber durch die prächtige barocke Ausmalung von Hinrich Greve aus Wismar (1668). Zahlreiche Engel und die Apostel bevölkern Gewölbe und Seitenwände, illustrieren fröhlich das Tedeum, reich umrahmt von floralem Dekor. Üppigkeit und Qualität dieser Malereien sind einmalig im gesamten Küstenbereich der Ostsee, sie machen die Kirche zu einer Perle der mecklenburgischen Barockkunst. Königin Margarete von Dänemark soll den Bau gestiftet haben, um sich bei den Reriker Fischern für ihre Errettung vor dem Ertrinken zu bedanken.

Auf dem 20 m hohen **Schmiedeberg** an der Seebrücke erbauten die Slawen im 8. Jh. eine Wallanlage, die 1872 größtenteils einer Sturmflut zum Opfer fiel. Vom Aussichtspunkt auf der Anhöhe reicht der Blick weit über die Ostsee.

Der südliche Teil der Halbinsel **Wustrow** war jahrzehntelang Sperrgebiet. 1993 wurde es für Naturschutzzwecke gesichert.

Ausflug

Im Pfarrhaus des wenige Kilometer landeinwärts gelegenen Städtchens **Neubukow** wurde am 6. Januar 1822 der spätere Troja-Entdecker Heinrich Schliemann geboren. Eine bescheidene, doch liebevoll gestaltete *Gedenkstätte* (Tel. 03 82 94/ 166 90, Mitte Mai–Mitte Sept. Di–Fr 10–18, Sa/So 14–17, sonst Di–Fr 10–16, Sa 14–16 Uhr) ehrt den heute so berühmten Sohn der Stadt, dessen Familie allerdings schon 1823 nach Ankershagen übersiedelte [s. S. 102].

i Praktische Hinweise

Information

Kurverwaltung, Dünenstr. 7, Rerik, Tel. 03 82 96/7 84 29, Fax 03 82 96/7 85 13, www.rerik.de

Seit 1882 bewährt – Korbgeflecht als Badebehausung

8 Ostseebad Kühlungsborn

TOP TIPP *Bilderbuch-Badeort mit klassizistischem Ortsbild.*

Seit jeher ist Kühlungsborn eines der bestbesuchten Ostseebäder. 1877 wurde für den Ort der erste Badeprospekt veröffentlicht und nur fünf Jahre später erfand der ortsansässige Korbmacher Wilhelm Bartelmann, desen Nachfahren noch heute in Kühlungsborn leben, hier den **ersten Strandkorb** der Welt. Die Anzahl der Strandbadehütten vergrößerte sich Jahr um Jahr, 1895 ging die erste Badeanstalt in Betrieb – getrennt in ein Damen- und ein Herrenbad, dazwischen 100 m Abstand. 46 000 Saisongäste kamen um die Wende zum 20. Jh. in den Badeort, der nach Norderney auf Platz zwei der meistbesuchten deutschen Seebäder rangierte.

1938 schlossen sich die Orte Arendsee, Brunshaupten und Fulgen zur Stadt Kühlungsborn zusammen. Sie nannten sich nach der Kühlung, einem bewaldeten Höhenzug im Hinterland. Deutlich erkennt man die Zweiteilung in Kühlungsborn-Ost (früher Brunshaupten, jetzt mit Seebrücke) und Kühlungsborn-West (Arendsee), dazwischen liegt der Stadtwald. Eine Verbindung schafft die lange Strandpromenade mit einer attraktiven **Villenzeile** im Stil der Bäderarchitektur vom Ende des 19. Jh. – ein grandioser Reigen eleganter Hotels mit Meerblick! Ein architektonisches Prunkstück ist die schneeweiße **Villa Baltic**. Sie wurde 1912 von Alfred Krause für den kaiserlichen Justitiar Hausmann, einem Verwandten der Familie Rothschild, in neubarocken Formen errichtet.

Zu beiden Seiten der Seebrücke lockt ein 5 km langer, enorm breiter weißer **Sandstrand**. Radfahren darf man nur auf dem parallel angelegten Küstenschutzstreifen. Außerdem steht Gästen ein Bootshafen zur Verfügung.

Ausflüge

Im 4 km nahen **Bastorf** hat man vom Leuchtturm Buk eine herrliche Aussicht auf den Trollegrund, je nach Wetterlage sogar bis zur Insel Fehmarn. Auf der Landstraße nach Kröpelin schließlich passiert man rechter Hand den **Diedrichshäger Berg**, der dank seiner Höhe von 129 m den schönsten Überblick über die Landschaft der Kühlung bietet.

Ein Schloss am Meer – Bäderarchitektur des ausgehenden 19. Jh. am Strand von Kühlungsborn

Praktische Hinweise

Information

Touristikservice, Ostseeallee 19, Kühlungsborn, Tel. 03 82 93/84 90, Fax 03 82 93/849 30, www.kuehlungsborn.de

Hotels

Hotel & Pension Wilhelmine, Strandstr. 53, Kühlungsborn, Tel. 03 82 93/80 90, Fax 03 82 93/809 99, www.hotel-wilhelmine.m-vp.de. Traditionsreiches, familiär geführtes Haus in Strandnähe. Liebevoll möblierte Zimmer, Suiten und Apartments sowie Wellnessbereich.

Neptun, Sandstr. 37, Kühlungsborn, Tel. 03 82 93/630, Fax 03 82 93/632 99, www.neptun-hotel.de. Erstes Haus am Platze und eines der besten an der ganzen Ostseeküste. Ebenfalls ausgezeichnet ist das Gourmetrestaurant Wilhelms im Haus, hier monatliches Jazz-Event.

Vier Jahreszeiten, Ostseeallee 10, Kühlungsborn, Tel. 03 82 93/810 00, Fax 03 82 93/810 81, www.jahreszeiten-hotels.de. Luxuriöses Ambiente in prachtvoller Jugendstilvilla mit Wellnessbereich und drei Restaurants.

Villa Verdi, Ostseeallee 26, Kühlungsborn, Tel. 03 82 93/85 70, Fax 03 82 93/857 11, www.strandhotel-verdi.de. Riesige Jugendstilvilla, 30 m vom Strand entfernt. Zimmer und Apartments, Restaurant und Bistro.

Restaurant

Restaurant im Hotel-Residenz Waldmühle, Tannenstr. 4, Kühlungsborn, Tel. 03 82 93/400 00, www.waldkrone.de. Stilvolle und vielfältige Kochkultur von Nouvelle Cuisine über leichte vegetarische Koste bis zu Regionalem.

Bar

Shark's Bar, Osteseeallee 7–8, Kühlungsborn, Tel. 03 82 93/886 02. Angesagte Cocktail-Bar und Lounge mit Tanzfläche und DJ. Es gibt Kleinigkeiten zu essen und Zigarren (ab 18 Uhr, Mo geschl.).

9 Heiligendamm

›Weiße Stadt am Meer‹ – das erste Seebad Deutschlands.

Das **Seebad Heiligendamm**, ein Ortsteil von Bad Doberan , gründete der mecklenburgische Herzog Friedrich Franz I. 1793 auf Anregung seines Leibarztes Samuel Gottlieb Vogel, der die gesundheitfördernde Wirkung des milden Ostsee-Salzwassers erkannt hatte. Die herzoglichen Kuraufenthalte zogen Adel und Großbürgertum nach Heiligendamm. So entstand die ›Weiße Stadt am Meer‹. Die eleganten Hotels, Villen und Logierhäuser bieten sich am eindrucksvollsten von der Strandpromenade aus dar.

Weiße Stadt am Meer – Klassizistisch kühl und blendend weiß präsentieren sich Kurhaus (links) und Haus Mecklenburg des Kempinski Grand Hotels Heiligendamm

Mittelpunkt des einstigen gesellschaftlichen Treibens am Meer war das **Kurhaus**, tempelartig mit Giebelfeld und breiter dorischer Säulenvorhalle, 1816 von Landbaumeister Carl Theodor Severin als Tanz- und Speisehaus errichtet. Eine großartige Leistung des norddeutschen Klassizismus mit erkennbaren Einflüssen der ›Berliner Schule‹ (Carl Gotthard Langhans und David Gilly). Ihm zur Seite stehen westlich **Haus Mecklenburg**, ein Badehaus von 1838/39 und östlich das **Grand Hotel** von 1873. Etwas weiter landeinwärts präsentieren sich weitere reizvolle Beispiele der **Seebäderarchitektur des 19. Jh.** Bis 1840 entstanden hier das Alexandrinen- und Mariencottage sowie das Haus Krone im englischen Landhausstil für Familienangehörige des Großherzogs. 1848 baute der Schweriner Hofarchitekt Georg Adolph Demmler die weiße Villa **Burg Hohenzollern**.

Im Jahr 2003 kehrte etwas vom alten Glanz zurück, als die meisten oben genannten Gebäude in eine luxuriöse Hotelanlage der Kempinski-Hotelkette eingebunden wurden, die unter Leitung des New Yorker Architekten Robert A. M. Stern entstand. Der hier im Juni 2007 abgehaltene G8-Gipfel bescherte Heiligendamm freilich unrühmliche Schlagzeilen.

Ausflüge

Durch den grünen Tunnel einer kilometerlangen, uralten Lindenallee, wohl die längste geschlossene Deutschlands, passiert man auf dem Weg nach Bad Doberan rechter Hand die älteste **Galopprennbahn** (1823) auf dem europäischen Festland; seit 1993 gibt es hier in den Sommermonaten wieder spannende Pferderennen.

Gegenüber erstreckt sich in einer Niederung das **Naturschutzgebiet Conventer See**. Das im Kern 246 ha große Brut- und Rastgebiet zahlreicher Vogelarten liegt in einer eiszeitlich geformten Meeresbucht, die durch den Heiligen Damm von der Ostsee abgetrennt wurde und vermoorte.

i Praktische Hinweise

Information

Tourist-Information Heiligendamm, Kühlungsborner Str. 4 (im Bahnhof), Tel. 03 82 03/41 50, Fax 03 82 03/415 12, www.heiligendamm.de

Hotel

Kempinski Grand Hotel Heiligendamm, Heiligendamm, Tel. 03 82 03/74 00, Fax 03 82 03/740 74 74, www.kempinski-heiligendamm.de. Nobler Hotelkomplex in sechs klassizistischen Gebäuden am Strand.

Restaurant

Museumscafé Herzoglicher Wartesaal, Kühlungsborner Str. 4 (im Bahnhof), Heiligendamm, Tel. 03 82 03/73 60 80. Überaus nettes Café-Restaurant mit gutbürgerlicher Küche; wechselnde Tagesgerichte in ›Molli‹-Ambiente [s. S. 34].

10 Bad Doberan

Ein Kleinod norddeutscher Backsteingotik und viele klassizistische Nobelvillen.

Unbedingt sehenswert ist der Klosterbereich von Bad Doberan. Hier steht inmitten eines Landschaftsgartens das berühmte Münster der Stadt, eine der schönsten und bedeutendsten Backsteinkirchen der norddeutschen Hochgotik.

Doberans Geschichte begann 1171 im 3 km entfernten Althof, als Zisterziensermönche hier das erste Kloster Mecklenburgs gründeten, das aber bereits acht Jahre später wieder zerstört wurde. 1186 suchte der konvertierte Slawenfürst Borwin-Heinrich einen neuen Bauplatz für die Zisterzienser. Der Gründungslegende nach soll ein Schwan durch seinen Ruf ›dobr, dobr‹ (gut, gut) die Standortbestimmung entscheidend beeinflusst haben und für den heutigen Stadtnamen mitverantwortlich sein. 1294 begann der Bau des Münsters, die Weihe fand 1368 statt. Das alsbald wohlhabende Kloster wurde zum geistlichen und kulturellen Zentrum im mittelalterlichen Mecklenburg.

Sehenswerte Backsteingotik – das prachtvolle Münster von Bad Doberan

Die ehem. Klosterkirche

Innerhalt der noch erhaltenen Klostermauer (um 1285) steigt neben einem Teich in leuchtendem Backsteinrot **TOP TIPP** das dreischiffige **Doberaner Münster** (www.doberanermuenster.de, Mai–Sept. Mo–Sa 9–18, März/April/Okt. 10–17, Nov.– Febr. 10–16, So/Fei jeweils ab

Bad Doberaner Münster: Der Kreuzaltar im Mittelschiff, ein doppelseitiger Flügelaltar mit monumentalem Kreuz darüber, trennte einst den Bereich der Mönche von dem der Laien

Schienen-Methusalem Molli

Deutschlands älteste Kleinbahn ist eine Dampfeisenbahn aus dem Jahr 1886 mit der seltenen Spurweite von 90 cm. 1933 wurden die alten Lokomotiven, Reisewagen, Güterwagen und Post-Gepäckwagen gegen die heutigen Modelle der Firma Orenstein & Koppel ausgetauscht. Im Sommer stündlich, im Winter alle zwei Stunden zuckelt die alte Dame über 15,4 km im beschaulichen Blumenpflücktempo von höchstens 50 km/h zwischen den Ostseebädern Kühlungsborn, Heiligendamm und Bad Doberan hin und her (Kaffee und Kuchen im Salonwagen, Tel. 03 82 03/ 41 50, www.molli-bahn.de).

11 Uhr) auf – gewaltig seine Ausmaße mit breit ausladendem Querhaus und betontem, von einem Kapellenkranz umfangenen Chor. Der Zisterzienser-Regel gemäß turmlos, sticht lediglich ein spitzer Dachreiter nach oben. Licht und weit wirkt der **Innenraum** mit seiner wertvollen Ausstattung. Die Glanzstücke: Der reich vergoldete *Hochaltar* von 1310 ist ein Hauptwerk Lübecker Schnitzkunst und einer der ältesten deutschen Flügelaltäre überhaupt. Die Figurenreihen der Flügel thematisieren Szenen des Alten und Neuen Testaments. Bezaubernd ist die *Leuchtermadonna* mit Mondsichel und Strahlenkranz (um 1290), eine der ältesten Standmadonnen Norddeutschlands. Die Grenze zwischen Mönchs- und Laienchor markiert der doppelseitige *Kreuzaltar* (um 1360), figurenreich geschnitzt und von einem monumentalen Kreuz 15 m überragt. Hochrangig ist auch der zierliche Reliefschmuck der spätgotischen *Chorgestühlwangen*. Da die Klosterkirche den mecklenburgischen Herzögen jahrhundertelang als Grablege diente, gibt es etliche *Grabmonumente* zu bewundern. Erwähnt seien hier lediglich die Tumba der Königin Margarete (um 1282), das Doppelgrab des schwedischen Königs Albrecht mit Gemahlin (um 1420) sowie die prächtige Renaissance-Grabkapelle für Herzog Adolf Friedrich I. und seine Frau Anna-Maria. Im nördlichen Seitenschiff steht der Sarkophag von Herzog Friedrich Franz I., dem die Orte Bad Doberan und Heiligendamm ihren Status als fürstliche Sommerresidenz und als Seebad verdanken.

Im historischen Stadtzentrum am Alexandrinenplatz lohnt sich der kurze Weg in den **Alexandrinenhof**, ein verwinkeltes Ensemble von Werkstätten, Kunstgalerien, Cafés und Handwerksläden – eine nette Oase zum Bummeln, Schauen und Einkaufen. In der Oster-, Pfingst- und Adventszeit finden hier auch Hoffeste statt.

Den Alexandrinenplatz selbst ziert seit 2002 ein Denkmal des US-amerikanischen Rockmusikers *Frank Zappa* (1940–1993), das der tschechische Künstler Vaclav Casak schuf. Jedes Jahr im August treffen sich hier und in der ganzen Stadt Musikfans zur mehrtägigen **Zappanale** (www.zappanale.de).

Klassizistische Pavillons und Salons

Von der Glanzzeit Bad Doberans als herzogliche Sommerresidenz mit Gesellschaftsbad Heiligendamm und berühmter Galopprennbahn [s. S. 32] vor den Toren zeugen noch etliche herrschaftliche Palais- und Wohnhausbauten des 18./19. Jh. Auf dem *Kamp*, einer kleinen Grünzone an der Severinstraße, findet man den **Weißen** und den **Roten Pavillon**, reizende klassizistische Bauten mit chinoisen Elementen von Carl Theodor Severin (1808/13). Ursprünglich als Restaurant und Musiksaal konzipiert, beherbergen sie heute ein Café bzw. eine Kunstgalerie.

Von Severin stammen auch das vom Landkreis genutzte **Großherzogliche Salongebäude** (mit prächtigem Festsaal im Empirestil) sowie nebenan das **Großherzogliche Palais** mit dem auffälligen Vier-Säulen-Portikus. Severins Vorgänger, der Doberaner Baukondukteur Johann Christoff Heinrich von Seydewitz, schuf das einstige **Logierhaus**, ein zweigeschossiges Fachwerkgebäude, das jetzt als nobles Hotel dient.

Schräg gegenüber vom ehem. **Prinzenpalais** am Alexandrinenplatz 8 liegt die Ruine des **Moorbades**, das Doberan

Radfahren in Gruselstimmung – skelettartig fingern die alten Buchen des Gespensterwaldes an Nienhagens Steilküste in die Höhe

1920 den Bädertitel ›erwirkte‹. Das Gebäude war im Dezember 2006 in Brand geraten, soll aber wieder aufgebaut werden. Eine moderne Reha-Klinik namens Moorbad (Tel. 03 82 03/930) befindet sich in der Schwaaner Chaussee 2.

Im **Stadt- und Bädermuseum** (Beethovenstr. 8, www.stadtmuseum.moeckelhaus.de, Mitte Mai–Mitte Sept. Mo–Fr 10–12 und 13–17, Sa/So 12–17, sonst Di–Fr 10–12 und 13–16, Sa 12–16 Uhr) im neugotischen Möckelhaus, dem einstigen Wohnhaus des Hofbaurats Gotthilf Ludwig Möckel, wird die Geschichte des örtlichen Kur- und Bäderwesens dokumentiert. Besonders spaßig ist die Revue der Bademode vergangener Zeiten.

Am nordwestlichen Stadtrand befindet sich das **Ehm Welk-Haus** (Dammchaussee 23, Tel. 03 82 03/623 25, Di–Fr 10–12 und 13–16/16.30, Sa 13–16/16.30 Uhr), 1950–66 letzte Wohn- und Arbeitsstätte des Schriftstellerehepaars Ehm und Agathe Welk. Ehm Welk war langjähriger Chefredakteur der vom Ullstein Verlag herausgegebenen ›Grünen Post‹. Berühmt wurde er mit seinen Romanen ›Die Heiden von Kummerow‹ (1937) und ›Die Gerechten von Kummerow‹ (1943). Mit viel Humor schilderte er darin die norddeutsche Bauerndorf-Atmosphäre. In dem kleinen Literaturmuseum ist die Bibliothek der Welks zu besichtigen. In Haus und Garten finden Lesungen, Konzerte, Theateraufführungen u. a. Veranstaltungen statt.

Ausflüge

Im wenige Kilometer südlich gelegenen Dorf **Retschow** lädt der *Denkmalhof* (Di–Sa 9–16 Uhr) mit einem niederdeutschen Hallenhaus von 1787 zur Besichtigung ein.

Gespenstisch geht es in der Nähe des ruhigen **Ostseebads Nienhagen** zu, denn so wirken die skurril-zerzausten Bäume des Nienhager Holzes auf hoher Felsenklippe (›Gespensterwald‹).

Ein interessantes Ausflugsziel ist das 4 km entfernte **Glashagen** mit seiner *Glashütte* (Besichtigung und Verkauf, Tel.

03 82 03/130 88), gleich nebenan gibt es eine *Töpferei* (Tel. 03 82 03/622 53) mit einladendem Café.

Über die B 105 erreicht man **Kröpelin**. Im 19. Jh. arbeiteten hier über 100 Schuhmacher, die für den Beinamen ›Schuhmacherstädtchen‹ sorgten. Im *Stadtmuseum* (Tel. 03 82 92/85 10, Di/Mi 9–12 und 13–16, Do 9–12 und 13.30–15 Uhr) ist neben anderen Zeugnissen der Regionalgeschichte daher auch eine historische Schuhmacherwerkstatt zu besichtigen.

i Praktische Hinweise

Information

Tourist-Information, Severinstr. 6, Bad Doberan, Tel. 03 82 03/621 54, Fax 03 82 03/770 50, www.bad-doberan.de

Hotels

Friedrich-Franz-Palais, August-Bebel-Straße/Am Kamp, Bad Doberan, Tel. 03 82 03/630 36, Fax 03 82 03/621 26, www.friedrich-franz-palais.de. Erstes Haus am Platze im ehem. Logierhaus des Großherzogs von Mecklenburg. Helle, schicke Einrichtung im nordischen Landhausstil und gutes Restaurant.

Villa Sommer, Friedrich-Franz-Str. 23, Bad Doberan, Tel. 03 82 03/734 30, Fax 03 82 03/73 43 29, www.hotel-villa-sommer.de. Helle, geräumige Zimmer und Suiten mit Küchenzeile in einer weißen Jugendstilvilla. Vor der Tür verkehrt die Molli-Bäderbahn. Nettes Hotel-Café.

11 Rostock

Altehrwürdige Hanse- und Universitätsstadt, heute größte Stadt und wirtschaftliches Zentrum des Landes.

In Rostock leben rund 197 000 Einwohner, etwa 11 % der Gesamtbevölkerung Mecklenburg-Vorpommerns. Die Wirtschaft dominieren seit alters her Handel, Schiffbau und Schifffahrt. In Zukunft sollen maritime Logistik, Biotechnologie und zunehmend Tourismus zum Wirtschaftswachstum der Region beitragen.

Rostocks Tradition als bedeutendste Hafenstadt der Ostseeküste gründet in der **Hansezeit** im Mittelalter. Mit dem Ende der Hanse und dem Dreißigjährigen Krieg versiegte der Reichtum, doch die Industrialisierung des 19. Jh. brachte erneuten Aufschwung. Damals wie heute liegt die Stadt im Schnittpunkt wichtiger Verkehrsadern. ›Tor zum Norden‹ wird Rostock oft genannt, denn vom Seehafen an der Warnow gehen Fähren nach Dänemark, Schweden, Lettland und Finnland [s. S. 130].

Geschichte Die slawische Burg *Roztoc* wurde anlässlich ihrer Zerstörung durch den Dänenkönig Waldemar I. 1161 erstmals erwähnt. Um 1200 siedelten hier bereits deutsche Handwerker und Kaufleute. Die Zugehörigkeit zur *Hanse* ab 1259 brachte Reichtum, 1419 öffnete die Universität als erste im gesamten Ostseeraum ihre Pforten. 1677 wütete ein Brand in der mittlerweile verarmten Stadt.

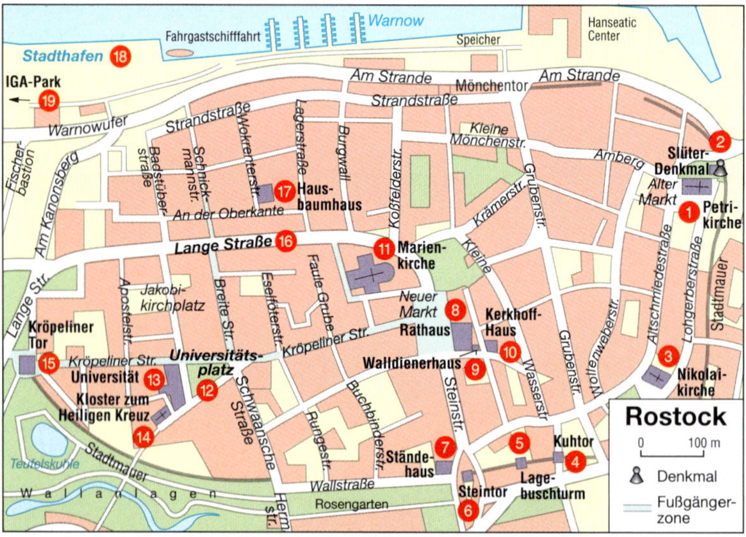

Rostock – Perle der Ostsee. Die Marienkirche überragt die Giebelfront der Wokrenterstraße

Die Nazis machten Rostock ab 1933 zu einem Schwerpunkt der deutschen *Rüstungsindustrie* für Flugzeug- und U-Boot-Bau. Folglich wurden während des Zweiten Weltkriegs ganze Stadtviertel durch alliierte Bombardements dem Erdboden gleichgemacht. Trotzdem haben sich in der Innenstadt etliche Baudenkmäler erhalten oder wurden wieder aufgebaut. Zu DDR-Zeiten blieb der historische Stadtkern – anders als die Vorstädte – von großen Plattenbauten verschont.

Besichtigung Die Rostocker Innenstadt durchwandert man am besten von Ost nach West, gemäß der chronologischen Entstehung der drei zunächst eigenständigen Mittelalter-Siedlungen.

In der Altstadt

Das Zentrum bildet, auf einem Hochplateau über der Warnow, der Alte Markt mit der **Petrikirche** ❶ an seiner Nordseite. Die mächtige, querschifflose Backsteinbasilika wurde auf den Mauern eines Vorgängerbaus im zweiten Viertel des 14. Jh. begonnen. Bei einem Luftangriff wurde die Kirche 1942 weitgehend zerstört. Der Wiederaufbau einschließlich des für die Stadtsilhouette so wichtigen, 117 m hohen *Turmhelms* mit Kupferdach wurde erst 1994 abgeschlossen. Die *Aussichtsplattform* (Juni–Aug. tgl. 10–17, April/Mai/Sept./Okt. 10–17, Nov.–März 10–16 Uhr; Aufzug vorhanden) in 54 m Höhe bietet einen großartigen Blick über Rostock. Von der Ausstattung blieb die *Bronzetaufe* erhalten, ein Meisterwerk der Renaissancekunst (Andreas Ribe, 1512). Hier oben auf dem *Petrikirchhof* herrscht eine sehr anheimelnde Atmosphäre. Dazu tragen auch die hübschen mittelalterlichen Wohnhäuser (Bei der Petrikirche 4–6) mit ihren charakteristischen Rundbogenportalen bei. Nordöstlich der Kirche, dicht an der Stadtmauer, steht das **Slüter-Denkmal** ❷ für den Rostocker Reformator Joachim Slüter. Neben der Grabplatte (1532) befindet sich ein Postament mit Bibel und Abendmahlskelch (19. Jh.).

Nach Süden, parallel zur Stadtmauer, verläuft die Lohgerberstraße, deren Giebelhäuser im Kern aus dem Mittelalter stammen. Typisch für die Rostocker Altstadt ist die Haus-Nr. 11, ein alter *Backsteinspeicher* von 1830 mit einem großen Rundbogenportal im Erdgeschoss und einer darüberliegender Speicherbodenöffnung. Mit dem herausragenden Kragarm wurde früher per Seilwinde Lagergut nach oben befördert.

Im Scheitelpunkt der Straßenbiegung fällt der Blick auf die **Nikolaikirche** 3, die Mitte des 13. Jh. als Pfarrkirche des Siedlungskerns südlich der Altstadt entstand. Chor, Westturm und Sakristei wurden der gotischen Backsteinhalle erst 200 Jahre später angefügt. Unter dem östlichen Chorjoch, dem Schwibbogen, führt eine Straße hindurch, da zwischen Kirche und Stadtmauer kein Platz für eine Gasse blieb. Auch die Nikolaikirche brannte 1942 völlig aus. Kuriosum: Bei der Wiederherstellung im Jahre 1977 wurden in das Langhausdach Wohnungen eingebaut. Das Kirchenschiff ist nur bei Konzert- und Theaterveranstaltungen geöffnet.

Mittelalterliche Tore

Nach Überquerung der Grubenstraße, einer Geländesenke, die einst die Altstadt von der Mittelstadt trennte, taucht alsbald das **Kuhtor** 4 auf, Rostocks ältestes Stadttor (13. Jh.), in dem es heute literarisch zugeht. Mit dem **Lagebuschturm** 5 und dem walmdachgedeckten **Steintor** 6 von 1577 gehört es zum Rostocker Mauerring, der 1996 in diesem Abschnitt wieder aufgebaut wurde. Früher besaß die Stadt 22 Tore.

Viel bestaunt – die astronomische Uhr der Marienkirche in Rostock

Wer Freude am fantasievollen Spiel der Historismus-Architekten mit farbiger und unglasierter Keramik hat, sollte einen Blick ins reich geschmückte Treppenhaus im Lichthof des ehem. **Ständehauses** 7 (Wallstr. 1) werfen. Das neugotische Gebäude wurde 1893 nach Plänen Gotthilf Ludwig Möckels errichtet.

Im Zentrum der Mittelstadt

Die Steinstraße trifft auf den Neuen Markt, den schöne Giebelhäuser umstehen. Blickfang ist hier das **Rathaus** 8 mit seiner filigranen Türmchenfront – nach Lübecker Vorbild sieben an der Zahl – und barockem Vorbau (1727). Den Kern bilden zwei Giebelhäuser, die bereits im 13. Jh. Sitz der Stadtverwaltung waren. Hinter dem Rathaus liegt das Quartier mit den prächtigsten Bürgerhäusern der Stadt. Die schönsten Backstein-Giebelfassaden stammen noch aus der Zeit des späten 15. Jh., so das **Walldienerhaus** 9 (Hinter dem Rathaus 2) und gegenüber das **Kerkhoff-Haus** 10, das sich der Bürgermeister Berthold Kerkhoff um 1470 erbauen ließ. Das prachtvolle Patrizierhaus prunkt mit seiner aufwendig gestalteten Fassade – gotische Spitzbogen gliedern den Staffelgiebel, während die Korbbogenfenster darunter bereits der Frührenaissance verhaftet sind.

Am Rande des Neuen Markts kündet die **Marienkirche** 11 (Mo–Sa 10–18, So 11–17 Uhr) als bedeutendster Rostocker Sakralbau vom Reichtum und Wohlstand der Hanse, denn niemand anderes als das Handelspatriziat stellte 1398 die Gelder für Wiederaufbau und Vollendung einer älteren, eingestürzten Hallenkirche zur Verfügung. Das große Vorbild war auch hier wieder die Lübecker Marienkirche. Mitte des 15. Jh. war die dreischiffige Basilika mit hohem Querhaus, Kapellenkranz und Chorumgang schließlich fertig und dominierte fortan das Stadtbild. Äußerlich ist der Planwechsel von 1398 durch den Übergang von rotem zu gelbem Backstein kenntlich. Den Krieg überstand diese Kirche übrigens einigermaßen unbeschadet.

Spielplatz für die einen, Ruhepunkt für die anderen – der ›Brunnen der Lebensfreude‹ von Jo Jastram und Reinhard Dietrich auf dem Universitätsplatz

Majestätisch wirkt der Innenraum mit einer Höhe von 31,5 m im Mittelschiff. Absolut sehenswert ist die Ausstattung, allen voran die um 1290 gefertigte, nahezu 3 m hohe *Bronzetaufe*, die von vier knienden, bärtigen Männern getragen wird, mit zahlreichen Relieffiguren geschmückt und von einem ausschwingenden Adler bekrönt ist. Auch vor dem *Rochusaltar* (1530) in der südöstlichen Chorumgangskapelle, der *Renaissance-Kanzel* (1574) des Antwerpener Bildhauers Rudolf Stockmann und dem grandiosen *Orgelprospekt* (1769) mit kompositorisch eingebundener Fürstenloge kann man lange staunend verweilen. Weltberühmt ist die *astronomische Uhr*, die 1472 in Nürnberg gefertigt wurde und 1643 ihre architektonische Rahmung erhielt. Sie ist die älteste Uhr der Welt, die noch mit Originaluhrwerk arbeitet. Auf zwei Zifferblättern werden Jahr, Monat, Tag, Stunde, Sonnen- und Mondphasen sowie die Tierkreiszeichen angezeigt. Täglich um 12 Uhr mittags treten sechs der zwölf Apostel auf den Plan und marschieren zur Freude der Zuschauer im Gänsemarsch an Jesus vorbei.

Platz der Lebensfreude und ›Leuchte des Nordens‹

Lebendiges Zentrum der Neustadt ist der begrünte **Universitätsplatz** 12, an dem Rostocks Haupteinkaufsmeile, die Fußgängerzone *Kröpeliner Straße*, vorbeiführt. Beim Schlendern, Schauen, Bummeln fällt sicherlich das Haus Kröpeliner Str. 82 mit seinem feinen, mit Zierfriesen und Medaillons geschmückten Staffelgiebel auf, es war einst die Residenz eines Rostocker Kaufmanns. Mitten auf dem Platz sprudelt der *Brunnen der Lebensfreude* (1980), eine Komposition aus ineinander verschlungenen Tier- und Menschenleibern von den Bildhauern Jo Jastram und Reinhard Dietrich. Ein beliebter Kinderspielplatz! Als erste **Universität** 13 im Ostseeraum wurde die ›Alma Mater

Rostochiensis‹ 1419 gegründet. Das 1870 an der Westseite des Universitätsplatzes erbaute Hauptgebäude wirkt ehrwürdig wie ein italienisches Renaissanceschlösschen. Heute ist die frühere ›Leuchte des Nordens‹ eine kleine, aber feine Lehranstalt mit etwa 14 500 eingeschriebenen Studenten. Mittlerweile nimmt sie einen Spitzenplatz auf dem Gebiet der Medizintechnik und der Entwicklung künstlicher Organe und Biomaterialien ein.

Von der Universität genutzt werden auch die historischen Nachbargebäude: das ehem. *Neue Museum* (Georg Adolph Demmler, 1844), das *Oberappellationsgericht* (Demmler, 1842), die *Hauptwache* mit monumentaler Säulenvorhalle (Carl Theodor Severin, 1823) und das herzogliche Palais mit Barocksaal (1714). 1819 errichtete die Stadt ihrem Sohn und erstem Ehrenbürger, dem preußischen ›Feldmarschall Vorwärts‹ **Gebhard Leberecht von Blücher**, Fürst von Wahlstatt (1742–1819), ein Denkmal auf dem Platz – allerdings eher genötigt, als aus eigenem Bestreben. Aufgrund einer irrtümlichen Zeitungsmeldung, die den Bau dieses Denkmals ankündigte, bedankte sich der hocherfreute Blücher bei den nichts ahnenden Stadtvätern. Peinlich berührt, beauftragte man in aller Eile den Bildhauer Johann Gottfried Schadow mit der Statue. Die Inschriften stammen von Johann Wolfgang Goethe.

Hansische Schiffe des 15. Jh., Buchminiatur aus einer Handschrift des Hamburger Stadtrechts, Staatsarchiv Hamburg

Die Hanse

Wismar und Rostock, später auch Stralsund, Demmin, Anklam und Greifswald, waren Mitglieder der Hanse, die sich Ende des 13. Jh. vom Kaufmannsbund zu einem Bund von Kaufmannsstädten wandelte. Unter Führung Lübecks gehörten ihm mehr als 100 Städte an, darunter zahlreiche, im Zuge der ostdeutschen Siedlung entstandene Neugründungen. Wichtige Stützpunkte waren die Kontore in Nowgorod, Brügge, London und Bergen. Die Beschlüsse der regelmäßig abgehaltenen **Hansetage**, der erste fand 1356 statt, waren für alle Mitglieder bindend. Die **Hanse-Koggen**, bauchige Handelsschiffe mit einer Aufnahmekapazität von 250 Mann oder 600 t Ware, beherrschten nicht nur den Nord- und Ostseeraum, sondern waren auch entlang der Atlantikküste und im Mittelmeer bekannt. Der Handel regte die Produktion und den Warenaustausch an; Produkte des Westens gegen Rohstoffe und Produkte des Ostens, wie Tuche aus Flandern und Eisenwaren aus dem Rheinland gegen Honig, Pelze und Getreide aus Russland. Im einheitlichen Wirtschaftsraum der Ostseeländer entfaltete sich dadurch eine reiche **Städtekultur**, stets auch mit Reminiszenzen an die ›Mutter‹ Lübeck: Neugründungen erhielten lübisches Recht, die Marienkirche und so manches stolze Bürgerhaus wirkten vorbildhaft. Natürlich ging es nicht immer friedlich zu, wurden auch **Handelskriege** ausgefochten. 1370, im Frieden von Stralsund, sicherte sich die Hanse gegenüber Dänemark die Vormachtstellung im Ostseeraum. Die Hanse bot feudalen Machthabern und Piraten die Stirn. Ende des 15. Jh. begann der **Niedergang**, als die Holländer erstarkten, sich die Interessen der Städte vereinzelten und sich die Handelsrouten nach der Entdeckung Amerikas verlagerten.

Seit der deutschen Einheit besinnt man sich wieder auf Traditionen, Politiker proklamieren die völkerverbindende Idee der Hanse als Modell für ein vereintes Europa und auch in den Rathäusern schmückt man sich wieder gern mit dem Titel ›Hansestadt‹.

Geeignet zum Ausruhen nach üppigem Kunstgenuss – der malerische Kreuzhof des Kulturhistorischen Museums im Kloster zum Heiligen Kreuz

Vom Museum im Kloster ins Hafenviertel

TOP TIPP Unweit der Uni bietet das **Kloster zum Heiligen Kreuz** ⑭ ein stilles Refugium. Anders als das Michaeliskloster (Bibliothek) in der Rungestraße oder das Katharinenkloster (Hochschule für Musik und Theater) in der Straße Beim St.-Katharinenstift blieb diese Anlage über Jahrhunderte weitgehend intakt. Die Gründung des Zisterzienserinnenklosters im Jahr 1270 erfolgte auf Initiative der dänischen Königin Margarete. Seit der Reformation bis zur Auflösung im Jahr 1920 kamen hier ledige Töchter reicher Rostocker unter. Kostbarkeiten der *Universitätskirche* sind die mittelalterlichen Ausstattungsstücke: Flügelaltäre, Chorgestühl, Sakramentshaus und Triumphkreuzgruppe. In den übrigen Räumen des Klosters ist heute das **Kulturhistorische Museum** (Tel. 03 81/203 59 10, Di–So 10–18 Uhr) untergebracht. Eine Oase der Ruhe ist der malerische *Kreuzhof*. Weiß lackierte Parkbänke, die einen Rasen säumen, laden zum Verweilen ein. In Kreuzgang, Kapitelsaal und weiteren historischen Räumen wird nicht nur über die Klostergeschichte informiert. Hier gibt es neben mittelalterlicher Kunst auch niederländische Malerei und historisches Spielzeug zu bewundern.

Den westlichen Abschluss der Neustadt bildet das 54 m hohe **Kröpeliner Tor** ⑮ aus dem 13. Jh., die *Geschichtswerkstatt Rostock e.V.* (tgl. 10–17 Uhr) bietet hier Ausstellungen und Führungen zur Stadtgeschichte an.

Vorbei am *Jakobikirchplatz*, auf dem Grundmauern den Umriss der einst größten Rostocker Kirche anzeigen, führt ein Tordurchgang der Apostelstraße auf die **Lange Straße** ⑯. Der gesamte Straßenzug war im Zweiten Weltkrieg völlig zerstört und danach mit fünf- bis zehngeschossigen Gebäuden bebaut worden, in norddeutscher Backsteinmanier, sehr adrett mit Staffelgiebeln, Friesen, Arkadengängen und Dachtürmchen.

Am Beginn der zum Fluss hin abfallenden Wokrenterstraße steht das **Hausbaumhaus** ⑰ (Nr. 40, Mo–Fr 10–12 und 13–16 Uhr) von 1490. Die das Gemäuer stützende und sich von Stockwerk zu Stockwerk verästelnde Holzkonstruktion ähnelt im Aufbau einem Baum. Im Grunde trägt ein einziger Eichenstamm, der unten im Keller auf einem Felsen aufliegt, das ganze spätgotische Giebelhaus.

Der **Stadthafen** ⑱ erstreckt sich an der Unterwarnow von den großen Speichern bis zum Anleger Kabutzenhof. Bis zur Fertigstellung des Seehafens 1960 war er der maritime Hauptumschlagplatz. Heute lädt er mit Gaststätten, Geschäften, Theatern sowie dem Museums- und Seglerhafen zum Bummeln ein. Besonders lebhaft geht es hier im August zur Zeit der Hanse Sail zu.

Richtung Warnemünde gelangt man zum **IGA-Park** ⑲ (April–Okt. tgl. 9–18, sonst 10–16 Uhr, www.iga-park-rostock.de) in Rostock-Schmarl. Auf dem 70 ha großen Areal fand 2003 die *Internationale Gartenbauausstellung* statt, die rund 2,5 Mio. Besucher anzog. Entlang der ro-

mantischen Flusslandschaft am Warnowufer kann man durch blühende Staudengärten und Rosenhänge spazieren. Eine Attraktion ist der *Weidendom* aus grünenden Ruten, mit 50 m Länge und 15 m Höhe das ›größte Bau(m)werk der Welt‹.

Fest vertäut an der Uferpromenade im IGA-Park liegt die ›MS Dresden‹. Das 10 000-Tonnen-Frachtschiff dient heute als **Schiffbau- und Schifffahrtsmuseum** (Juli/Aug. tgl. 9–18, Sept./Okt. Di–So 9–18, Nov.–März Di–So 10–16 Uhr, www.schiffahrtsmuseum-rostock.m-vp.de). Hier wird die Geschichte des Schiffbaus vom 8. Jh. bis zur Gegenwart vorgestellt.

Reservierung empfohlen – Fisch, Pils und Korn gibts unter nautischem Krimskrams in Rostocks Traditionslokal ›Zur Kogge‹

Praktische Hinweise

Information

Tourismuszentrale Rostock & Warnemünde, Tourist-Information Stadtzentrum, Neuer Markt 3, Rostock, Tel. 03 81/381 22 22, Fax 03 81/381 26 02, www.rostock.de

Hotels

Am Hopfenmarkt, Buchbinderstr. 10, Rostock, Tel./Fax 03 81/458 34 43, www.am-hopfenmarkt.de. Sehr nettes, modernes und preisgünstiges Hotel garni mitten in der Altstadt. Restaurant Gastmahl des Meeres im Haus, gutbürgerlicher Hopfenkeller unter den Kellergewölben.

Trihotel am Schweizer Wald, Tessiner Str. 103, Rostock, Tel. 03 81/659 70, Fax 03 81/659 00, www.trihotel-rostock.de. Großes familiengeführtes Vier-Sterne-Haus mit ausgesprochen schöner Bade- und Wellnesslandschaft.

Restaurants

Braugasthaus zum alten Fritz, Warnowufer 65, Rostock, Tel. 03 81/20 87 80, www.alter-fritz.de. Schön am Stadthafen gelegen. Hier wird an Ort und Stelle Bierin großen Kupferkesseln gebraut.

Hanse Sail – ein faszinierendes Schauspiel für alle Freunde der Segelschifffahrt

Silo 4, Am Strande 3d (im Hanseatic-Center), Rostock, Tel. 03 81/458 58 00, www.silo4.de. Cooles, gleichwohl sympathisches Restaurant mit Bar in einem ehem. Getreidespeicher. Offene Showküche, internationales Publikum und toller Rundblick über das Stadthafenpanorama.

Zur Kogge, Wokrenterstr. 27, Rostock, Tel. 03 81/493 44 93, www.zur-kogge.de. Deftige Hausmannskost und vor allem Fischspezialitäten in vielen Varianten in Rostocks ältester, ausgesprochen rustikaler Schifferkneipe (seit 1856).

12 Warnemünde

Der zweite ›Hafen von Rostock‹ – Touristenperle mit Flaniervergnügen.

›Rostocks schöne Tochter‹ wird Warnemünde von den Mecklenburgern zuweilen auch genannt, denn seitdem die Rostocker das kleine Fischerdorf 1323 kauften, um sich den lebenswichtigen Zugang zur Ostsee für den eigenen Hafen zu sichern, entwickelte es sich immer mehr zu einem Vorort – was die auf Eigenständigkeit bedachten Warnemünder bis heute freilich nicht gern hören.

Begegnung der Windjammer

Neben der **Warnemünder Woche**, während der sich alljährlich Anfang Juli namhafte internationale Segler zu Regatten, auch Welt- und Europameisterschaften treffen, findet in Rostock am zweiten Wochenende im August ein spektakuläres Treffen der Großsegler, Traditionssegler und Museumsschiffe statt – die **Hanse Sail Rostock**. Dabei können gelernte und nicht gelernte Segelfans nach Voranmeldung ein Großschiff besteigen und die Regatten zwischen Rostock und dem Ostseebad Kühlungsborn hautnah und an Bord miterleben. Bevor das Heer der Großsegler zur Parade ausläuft, gibt es einen ökumenischen Sailor-Gottesdienst, Shantysingen und Hafenkonzerte. Spätnachmittags können die Schiffe nach Herzenslust besichtigt und die Crews in ein Schwätzchen unter Fachleuten verwickelt werden. Auskunft:

Hanse Sail, Warnowufer 65, Rostock, Tel. 03 81/208 52 33, Fax 03 81/208 52 32, Mitsegelservice Tel. 03 81/208 52 26, Fax 03 81/377 74 66, www.hansesail.com

An der Westmole von Warnemünde – das Leuchtfeuer in aufregendem Licht

Schon im frühen 19. Jh. etablierte sich hier der Badebetrieb, und sukzessive machte sich Warnemünde einen Namen als Seekurort. Viele **prominente Sommergäste** aus Berlin, von Theodor Fontane über Kurt Tucholsky bis zu Hans Albers, genossen hier ihre Ferien. Den Kabarettisten Joachim Ringelnatz soll Warnemünde sogar zu seinem ›Kuddel Daddeldu‹ inspiriert haben.

Bei Urlaubern und Rostockern gleichermaßen beliebt ist der breite und feinkörnige Warnemünder **Sandstrand**. Besonders an Sommerwochenenden kann man hier allen Ferienfreuden frönen: vom faulen Sonnenbaden, Wandern und Radfahren bis zum Surfen. An der langen Seepromenade gibt es einige Pensionen im Stil der Bäderarchitektur, in der Seestraße ergänzt vom auffälligen Kurhaus im Stil der Neuen Sachlichkeit und dem 64 m hohen Block des ehem. DDR-Luxushotels ›Neptun‹. Vom 1897/98 errichteten alten **Leuchtturm** (Ostern–Anf. Okt. tgl. 10–19 Uhr) am Ende der Seepromenade hat man den besten Überblick.

Stimmungsvoll ist ein Bummel am **Alten Strom**, den Weg säumen gemütliche Kneipen, Souvenirbuden und kleine Geschäfte in putzigen Fischerhäusern. Unter dem aufgeregten Gekreisch der Möwen fahren die vollen Fischkutter ein und bringen ihre Ware gleich an den Mann. Auf dem Fischmarkt herrscht vor allem samstags und sonntags buntes Geschiebe und Gedränge. Exklusiver geht es auf der anderen Seite vom Seekanal, am neuen **Jachthafen** und im Fünf-Sterne-Hotel Hohe Düne, zu.

Das schmucke **Heimatmuseum** (Alexandrinenstr. 31, April–Okt. Di–So 10–18, Nov.–März Mi–So 10–17 Uhr) dokumentiert Warnemündes Entwicklung zum Badeort anhand zahlreicher Exponate. Auch der Lebenswelt der Fischer im Wandel der Zeiten ist eine Ausstellung gewidmet, ebenso wie dem Lotsen- und Seenotrettungswesen.

Die **Pfarrkirche** am Markt besitzt einen kostbaren spätmittelalterlichen Schnitzaltar, vermutlich eine Danziger Arbeit.

i Praktische Hinweise

Information

Tourismuszentrale Rostock & Warnemünde, Am Strom 59, Warnemünde, Tel. 03 81/54 80 00, Fax 03 81/548 00 30, www.warnemuende.de

Hotels

Yachthafenresidenz Hohe Düne, Am Yachthafen 1, Warnemünde, Tel. 03 81/504 00, Fax 03 81/50 40 60 99, www.hohe-duene.de. Erstklassiges und hochpreisiges 5-Sterne-Resorthotel, stilvoll unmittelbar am Jachthafen gelegen.

Parkhotel Seeblick, Strandweg 12 A, Warnemünde, Tel. 03 81/51 95 50, Fax 03 81/ 51 95 51 13, www.parkhotel-seeblick.de. Freundliche Zimmer und Apartments in schicker historischer Villa direkt am Strand.

Restaurants

Zur Gartenlaube 1892, Anastasiastr. 24, Warnemünde, Tel. 03 81/526 61, www.zur-gartenlaube1888.de. Kleine, gastronomische ›Offenbarung‹ der Promi-Szene, traditionsreiches Abendlokal (So geschl.).

Chezann, Mühlenstr. 28, Warnemünde, Tel. 03 81/510 71 77, www.chezann.de. Bistro und Restaurant bieten ausgefallene, französisch betonte 1-Michelin-Stern-Feinschmeckerküche. Modernes Interieur, Spitzenweine, Sommerterrasse. Reservierung empfohlen.

13 Ostseebad Graal-Müritz

Seeheilbad mit traumhaft langem Strand.

Seit 1960 darf sich der Ort Seeheilbad nennen. Seine Lage mit offenem Meerzugang einerseits und dem ausgedehnten Waldgebiet der sog. Rostocker Heide (s. u.) andererseits beschert dem traditionsreichen Badeort ein **Heilklima**, das besonders Herz-, Kreislauf- und Lungenkranke zu schätzen wissen. 1923 lernte hier der tuberkulosekranke Schriftsteller Franz Kafka beim Kuren die junge Dora Diamant kennen, mit der er dann in Berlin zusammenlebte.

Meist schmal, dafür 5 km lang, zieht sich vor dem Wald der weiße **Sandstrand** hin. 350 m weit ragt die Seebrücke in die Ostsee hinaus. Nicht weit davon bietet das neue **Aquadrom** (Buchenkampweg 9, tgl. 9–21.30, Di/Do ab 8 Uhr, www.aquadrom.net) ein umfangreiches Wellness- und Sportprogramm.

Zwischen Strand und dem **Heimatmuseum** (Parkstr. 21, Mo 13–17, Di/Do 10–12 und 13–17, Mi/Fr 10–12, jeder 2. Sa 14–16 Uhr) blühen und duften von April bis Juni rund 2000 Azaleen und Rhododendren im 4,5 ha große **Rhododendronpark**. Aufgrund des günstigen Seeklimas gedeihen hier bis zu 6 m hohe Prachtexemplare.

Ausflüge

Südlich von Graal-Müritz, bis hinunter nach Markgrafenheide, erstreckt sich die **Rostocker Heide**, mit 400 km^2 das größte Mischwaldgebiet an der mecklenburgischen Küste. Die weitläufigen Wald-, Moor- und Heidebereiche eignen sich für stundenlange und erholsame Wanderungen.

Der 7 km lange, herrlich breite und wunderbar feinsandige Strand zwischen Neuhaus und Markgrafenheide ist ein **FKK-Paradies** (mit Ausnahme der Ortslagen).

i Praktische Hinweise

Information

Touristinformation, Rostocker Str. 3, Graal-Müritz, Tel. 03 82 06/70 30, Fax 03 82 06/703 20, www.graal-mueritz.de

Hotel

Ostseewoge, An der Seebrücke 35, Graal-Müritz, Tel.03 82 06/710, Fax 03 82 06/717 77, www.ostseewoge.de. Familiengeführtes, komfortables Hotel am Strand.

Café-Restaurant

Caféstübchen Witt, Am Tannenhof 2, Graal-Müritz, Tel. 03 82 06/772 21, www.pension-cafe-witt.m-vp.de. Torsten Witt backt süße Nachmittagsköstlichkeiten nach Hausrezepten, mittags und abends serviert er auch Herzhaftes. Schöner Garten, neue Pensionszimmer im Haus.

Aushängeschild des Seeheilbads Graal-Müritz ist sein Rhododendronpark

Ostseeküste und Inseln in Vorpommern – vom Meer umarmt

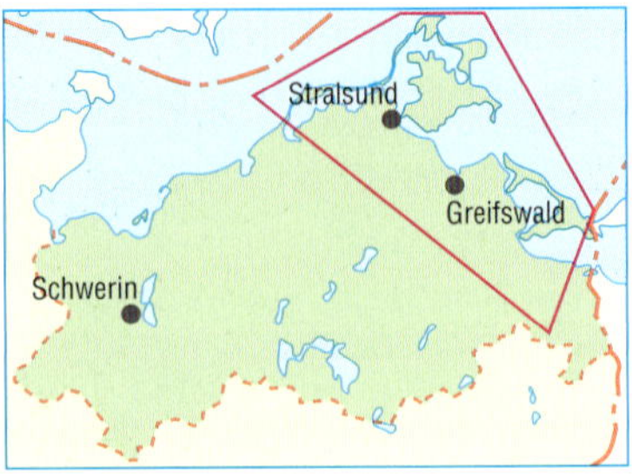

Die Fahrt von Ribnitz-Damgarten über die Halbinsel Fischland-Darß-Zingst und weiter entlang der vorpommerschen Ostseeküste über Stralsund, Rügen, Hiddensee, Greifswald, Anklam und die Insel Usedom führt bis hinunter ins Oderhaff nach Ueckermünde – und damit durch eine grandios abwechslungsreiche **Kultur- und Naturlandschaft**. Besonders auf den Inseln wechseln traumhaft breite **Sandstrände** mit atemraubend steilen **Felsenkliffs** ab. Eine Besonderheit Vorpommerns sind die stark zerklüfteten und **zerrissenen Uferlinien**, die tief eingeschnittenen kleinen und größeren Meeresbodden, die wegen ihrer langen flachen Ufer zum Baden einladen. Zum Küstenbild gehören auch die bizarren **Kiefernwälder**, die über Tag beliebte Motive bei Malern und Fotografen sind, bei fahlem Mondlicht aber zu unheimlichen Gestalten werden. Ständig zerrt der Westwind mit voller Wucht an den Baumkronen, sodass diese ›**Windflüchter**‹ nur zur windabgewandten Seite wachsen. Die mehr als 1000 km lange Boddenküste bis hinunter zum Stettiner Haff ist ein besonders naturgeschütztes Terrain mit fünf Großschutzgebieten.

14 Ribnitz-Damgarten

Hüben Mecklenburg, drüben Vorpommern, zusammen eine Bernsteinstadt.

Die 1950 vereinigte Doppelstadt hat mit Ribnitz einen mecklenburgischen und mit Damgarten einen vorpommerschen Teil. Die Grenze bildet das Flüsschen **Recknitz**, das hier sumpfiges Gelände umschlängelt, ehe es am Ausgang der Boddenkette in die Ostsee mündet.

Um den Übergang an der wichtigen Handelsstraße zwischen Lübeck und Stralsund zu kontrollieren, erbauten die mecklenburgischen Fürsten um 1200 in Ribnitz eine Burg. Damgarten erhielt erst

Am Saaler Bodden – der Tag geht zu Ende

Bäuerliche Idylle im Freilichtmuseum Klockenhagen

Niederdeutsche Hallenhäuser

Während der letzten sieben Jahrhunderte war das niederdeutsche Hallenhaus vorherrschender Haustyp auf dem mecklenburgischen Lande. Dieser mittelalterliche Bautyp kam mit der deutschen **Ostexpansion** im 13. Jh. nach Mecklenburg, als Einwanderer aus Niedersachsen und Westfalen ihren heimatlichen Baustil mitbrachten. Typisch sind die niedrigen Fachwerkwände, das hohe Stroh- oder Rohrdach mit Giebel und das große Holztor. Innen ist das Erdgeschoss durch ein Holzgerüst aus zwei Ständerreihen in **Diele** und die beiden **Abseiten** gegliedert. In diesen so genannten Einheitshäusern wohnten Mensch und Tier unter einem Dach, während auf dem Dachboden das Getreide lagerte. Auch Durchfahrtshäuser wie in Alt-Boltenhagen sind zu sehen. Im Laufe der Zeit entwickelten die Zimmerleute viele Variationen und ließen ihrer Fantasie bei Fachwerkmustern und Dachformen freien Lauf. Wohlhabendere Höfe besaßen zusätzlich einen Katen, eine Scheune und einen Altenteiler.

Mehr als 200 Jahre alte, besonders schmucke Bauernhäuser, ein Kräuter- und ein Bauerngarten sowie ein Kaufmannsladen (April–Okt. Mi–So 10–17 Uhr) aus dem frühen 20. Jh. sind im **Freilichtmuseum Klockenhagen** (Tel. 038 21/27 75, www.freilichtmuseum-klockenhagen.de, April–Okt. tgl. 9–17 Uhr) 5 km westlich von Ribnitz-Damgarten zu sehen.

1258 die Stadtrechte von Rügenfürst Jaromar II. Wirtschaftlichen Aufschwung brachten im 19. Jh. zwei Segelschiffswerften und im 20. Jh. das Flugzeugwerk Bachmann, das für die Testflüge seiner Wasserflugzeuge auf dem Saaler Bodden günstige Bedingungen vorfand.

Im Mittelalter schützte Verteidigungsanlage im insgesamt fünf Türmen die Stadt. Davon blieben nur vereinzelt Mauerreste in der Mauerstraße und vor allem das **Rostocker Tor** am westlichen Ende der Langen Straße erhalten. Das Marktbild der Ribnitzer Altstadt wird von dem zitronengelb leuchtenden, klassizistischen **Rathaus** geprägt. Seitlich des Portals erinnert eine Gedenktafel an gefangene Frauen, die hier am 1. Mai 1945 auf

Bernsteinmuseum in Ribnitz-Damgarten: eingeschlossene Eintagsfliege

ihrem Todesmarsch aus dem Konzentrationslager Barth, einem Außenlager des Frauenlagers Ravensbrück, befreit wurden.

Gegenüber erhebt sich die innen barocke Backsteinkirche **St. Marien** (Tel. 038 21/81 13 51, im Sommer Mo–Fr 9–17, im Winter Di– Fr 9–16 Uhr, Sa/So jew. nach Vereinbarung), die seit Baubeginn im 13. Jh. und einem großen Stadtbrand im Jahr 1759 mehrfach verändert wurde. Der 49 m hohe Kirchturm (214 Stufen) kann bestiegen werden und bietet eine weite Aussicht.

Im Vogelflug über ein beliebtes Feriengebiet – die Halbinsel Fischland-Darß-Zingst

Hauptattraktion der Stadt ist das **Klarissenkloster**, das Heinrich II. von Mecklenburg, genannt der Löwe, 1323 an der Stelle der alten Burg stiftete. Das Kloster erfreute sich der Gunst der Fürsten und wurde so reich mit Grundbesitz und Rechten beschenkt, dass es der Stadt bald wirtschaftlich überlegen war. Bis 1920 fungierte es als evangelisches Damenstift, in dem der mecklenburgische Adel seine unverheirateten Töchter unterbrachte. Prunkstücke der schlichten Klosterkirche aus dem 14. Jh. sind auf der ehem. Nonnenempore im Westen die berühmten *Ribnitzer Madonnen* – zwölf kostbare holzgeschnitzte Heiligenfiguren aus dem 14.–16. Jh. Im Dominahaus des Stifts und teils in der ehem. Klosterkirche zeigt das **Deutsche Bernsteinmuseum** (Tel. 038 21/46 22, März–Okt. tgl. 9.30–18, Nov.–Febr. Di–So 9.30–17 Uhr) seine Schätze. Anschaulich werden hier Gewinnung und Verarbeitung des baltischen Bernsteins erklärt. Unter den Exponaten findet sich Kostbares und Kurioses – etwa in Bernstein eingeschlossene Insekten, die Nachbildung eines Paneelteils des verschollenen Bernsteinzimmers aus dem Katharinenpalast bei St. Petersburg oder ein Bernsteinbär aus dem 3. Jt. v. Chr. Es gibt aber auch eine Werkstatt, in der man unter Anleitung selbst Bernstein schleifen kann.

Die Möglichkeit, sich mit Schmuck aus Bernstein, Gold und Silber einzudecken, bietet u. a. die **Schaumanufaktur Ostseeschmuck** (An der Mühle 20, Tel. 038 21/885 80, www.ostseeschmuck.de, Mo–Fr 9.30–18, Sa 9.30–16 Uhr).

Ein lohnender Ausflug führt 5 km südwestlich in den Stadtforst von **Neuheide** zum kleinen privaten Museum *Naturschatzkammer & Paradiesgarten* (Tel. 03 82 06/799 21, www.naturschatzkammer.m-vp.de, Mai–Okt. tgl. 10–17, Nov.–April Di–Fr 13–16, Sa 10–17, So 10–12 Uhr). Es stellt in acht Ausstellungsbereichen z. B. 250 Pilzarten vor, 2000 Insektenarten und Schmetterlinge, sowie Mineralien und Edelsteine Norddeutschlands. Als Höhepunkt einer Führung wird das Licht gelöscht, so dass die fluoreszierenden Steine schön zur Geltung kommen.

i Praktische Hinweise

Information

Stadtinformation, Am Markt 1, Ribnitz-Damgarten, Tel. 038 21/22 01, Fax 038 21/89 47 50, www.ribnitz-damgarten.de

Als überaus stimmungsvoll erweist sich am Abend der lange Sandstrand bei Ahrenshoop

15 Fischland-Darß-Zingst

TOP TIPP *Urwüchsige Dünenlandschaft und kilometerlange Sandstrände.*

Die etwa 60 km lange Halbinsel mit ihren sanft geschwungenen Boddenbuchten, weißen Sanddünen, weiten Wiesen und verstreuten Häusergruppen bietet ein zauberhaftes Landschaftsbild. Wer lange Strandwanderungen liebt, ist hier richtig. Vom Ostseebad Ahrenshoop beispielsweise kann man stundenlang auf herrlich feinem **Sandstrand** Richtung Darßer Ort und weiter nach Zingst wandern.

TOP TIPP Das Nordufer von Fischland-Darß-Zingst gehört zum **Nationalpark Vorpommersche Boddenlandschaft**, in dem sich die Natur weitgehend nach ihren eigenen Gesetzen entwickeln kann. In Wiek informiert das Nationalpark- und Gästezentrum **Darßer Arche** (Bliesenrader Weg 2, www.darsser-arche.de, Mai–Okt. tgl. 10–18, Nov.–April Mi–So 10–18 Uhr) in einer modernen multimedialen Ausstellung über Struktur und Dynamik dieses außergewöhnlichen Schutzgebietes.

Festland, Fischland und Darß wuchsen bereits im Mittelalter (14. Jh.) zusammen, der Zingst hingegen führte noch bis ins 19. Jh. ein Inseldasein. Deshalb hat die Halbinsel auch keinen einheitlichen Namen. Heute erschließen zwei Zufahrten die Halbinsel. Entlang der alten Eisenbahnstrecke Barth – Zingst führt die Meiningenbrücke über die Enge zwischen Bodstedter und Barther Bodden. Landschaftlich reizvoller ist die Anfahrt über das Ostseebad Dierhagen.

Fischland: Insel der Seefahrer

Eingangstor zur Halbinsel ist **Dierhagen** mit seinen fünf Ortsteilen, den alten Fischerorten *Dierhagen Dorf* und *Dändorf* am Saaler Bodden und den jüngeren Ansiedlungen *Neuhaus*, *Dierhagen Strand*, *Dierhagen Ost* direkt an den Ostseedünen. Als Wanderziel in der südlichen Umgebung bietet sich besonders das Naturschutzgebiet *Großes Ribnitzer Moor* an. Mit etwas Geduld sind hier Fischreiher, Moorfrösche und Eisvögel zu beobachten (Moorwanderungen: Kurverwaltung, Ernst-Moritz-Arndt-Str. 2, Dierhagen, Tel. 03 82 26/201, www.dierhagen-fischland.de).

Von Dierhagen Strand aus kann man eine Fahrradtour (8 km) nach **Wustrow** unternehmen, das 755 aus der slawischen Gründung ›Swante Wustrow‹ (Heilige Insel) hervorging und heute an der schmalsten Stelle zwischen Ostsee und Bodden liegt. Am Ort der slawischen Kultstätte steht nun die neugotische *Dorfkirche*, ihr Turm gewährt Ausguck-Vergnügen ohnegleichen. Die geduckten *Kapitänshäuser* in der Linden- und Parkstraße stammen aus der Zeit, als sich der alte Seefahrerort auf dem Höhepunkt seines Wohlstandes befand. 50 Schiffer und 125 Seefahrerfamilien lebten hier um die Mitte des 19. Jh. In dieser Tradition stand auch 1846 die Gründung der Großherzoglich-Mecklenburgischen Navigationsschule, der späteren *Hochschule für Seefahrt*. Bis 1992 erhielten in dem stattlichen Gebäude junge Männer und Frauen ihre Ausbildung zum Funker, Steuermann, Schiffbauer, Techniker oder Kapitän. Eines der

Wustrow hat Saison – Zeesbootregatta

Bodden, Bülten und Zeesboote

Von Ribnitz-Damgarten bis Greifswald erstreckt sich die Boddenkette an der vorpommerschen Ostseeküste. **Bodden** heißt auf Niederdeutsch ›Boden‹ und meint eine große, ziemlich flache Wasserfläche. Manchmal gibt es darin kleine, schilfbewachsene Inseln wie die Jägerbülten und die Meiningbülten im Bodstedter Bodden vor dem Darß. Auf Platt bedeutet **Bülten** soviel wie ›Häufchen‹ oder ›Buckel‹.

Die **Zeesboote** wurden eigentlich für die Fischerei in den flachen Boddengewässern gebaut. Die Fangemeinde des an seinen braunen Segeln und seinem hölzernen Rumpf zu erkennenden Bootstyps veranstaltet alljährlich Zeesbootrennen – so am ersten Juli-Samstag in Wustrow, am ersten September-Wochenende in Bodstedt und 14 Tage später in Ahrenshoop-Altenhagen. Aber auch Zingst und Dierhagen veranstalten solche Regatten.

Auskunft: Kurverwaltung Wustrow, Tel. 03 82 20/2 51; Bodstedt, Tel. 03 82 31/ 44 14; Ahrenshoop, Tel. 03 82 20/666 60

schönsten Beispiele für die zahlreichen rohrgedeckten und bunt bemalten Büdnereien mit ihren krummen Lehmwänden, wie sie für die erste Hälfte des 19. Jh. typisch waren, ist das *Fischlandhaus* in der Neuen Straße 38. Ein kleines Museum (Mo/Di/Do/Fr 10–12 und 13–17 Uhr) dokumentiert hiesige Sitten und Gebräuche.

Nördlich von Wustrow wird der Ostseestrand an manchen Stellen so schmal, dass man ihn trockenen Fußes kaum noch begehen kann. Umso beliebter, aber nicht ganz ungefährlich, ist der Spazierweg am **Hohen Ufer**, auf den absturzgefährdeten Sand- und Lehmkliffs oberhalb des Strandes. Ständig nagt das Meer an dieser Schmalstelle und nimmt ihr jährlich etwa 0,6 m Land. Die Strömung spült die abgetragene Erde als stetig wachsende Sandbänke hinter dem Leuchtturm an der Nordspitze Darßer Ort wieder an.

Im auffälligen Kunstkaten von Ahrenshoop werden diverse Ausstellungen gezeigt – von Werken der Künstlerkoloniebegründer bis zu zeitgenössischen Kunst Mecklenburg-Vorpommerns

Worpswede der Ostsee

Weithin bekannt ist **Ahrenshoop** als einstige Künstlerkolonie, denn um 1890 entdeckten die ersten Landschaftsmaler das damals ärmliche Dorf, die Schönheit der Steilufer und die idyllischen Wiesen hinter den Dünen für sich. Mit der Zeit lockte die besondere Atmosphäre auch Bildhauer, Grafiker, Schriftsteller sowie später Film- und Fernsehleute. Schon vor der Wende erhielt der Ort seinen ›Millionenhügel‹, als Verdiente der DDR vor der Düne am Hohen Ufer ihre Ferienvillen errichten durften.

Das *Haus Lucas* (Dorfstr. 35) richtete der Maler-Professor Paul Müller-Kaempff 1894 als Malschule für Frauen ein. Zu den bekanntesten ›Einheimischen‹ zählten die Schriftstellerin Käthe Miethe, die mehr als 20 Jahre im Ortsteil Althagen lebte und ihre Romane verfasste, und der Bildhauer Gerhard Marcks, der zwischen 1930 und 1946 sein Wohnatelier im Gerhard-Marcks-Weg 1 (Ortsteil Niehagen) hatte.

Das heutige Ahrenshoop steht ganz im Zeichen der Kunst, hier seien nur drei Stellen genannt, an denen Kunstatmosphäre zu schnuppern ist: Den blauen *Kunstkaten* (Strandweg 1, www.kunstkaten.de, Di–So 10–13 und 14–16 Uhr, Tel. 03 82 20/803 08) richtete sich die Malerkolonie 1909 als Ausstellungsgebäude ein. Heute organisiert die Kurverwaltung hier Ausstellungen heute vor Ort lebender oder zeitweise hier arbeitender Künstler. Damit wahrt sie die Tradition der Malerkolonie, die jenseits des Kommerz Begegnungen zwischen Künstlern und Interessenten schaffen wollte. Als eine von mehreren privaten Anbietern vor Ort zeigt überdies die Galerie *Neues Kunsthaus Ahrenshoop* (Bernhard-Seitz-Weg 3 a, Tel. 03 82 20/807 26, www.neues-kunsthaus-ahrenshoop.de) wechselnde Ausstellungen zeitgenössischer Kunst aus Mecklenburg-Vorpommern und den Ostseeanrainerstaaten und veranstaltet darüber hinaus Lesungen und Konzerte. Souvenirs, Keramiken und Schmuck werden in der *Bunten Stube* (Dorfstr. 24, www.bunte-stube.de, Juli/Aug. Mo–Sa 10–18.30, So 12–17, Mai/Juni/Sept./Okt. Mo–Sa 10–18, So 12–17, Febr.–April Di–Sa 10–18, Nov.–Jan. Do–Sa 10–18 Uhr) angeboten. Das auffallende Gebäude mit der ›runden Ecke‹ und den breiten Fenstern entwarf 1929 der Bauhausarchitekt Walter Butzek.

Von allen Orten auf der Halbinsel hat Ahrenshoop – was Kunst, Kommerz und kulinarische Abwechslung angeht – am meisten zu bieten. Es mausert sich zu einer durchaus anspruchsvollen Kunst-Adresse.

Waldreservat Darß

An die Südküste schmiegt sich das lang gestreckte ehem. Bauern- und Fischerdorf **Born** in eine Bucht des Koppelstroms. Blickfang sind hier die bunten Bauern- und Kapitänshäuser mit ihren geschnitzten Haustüren und den abgewalmten, tief heruntergezogenen Schilfdächern in der Kurzen-, Chaussee- und Nordstraße. Während die Giebelzeichen Aufschluss über den Beruf ihrer früheren Bewohner geben, waren die häufigen Sonnenzeichen auf den Türen ein Willkommensgruß für die heimkehrenden Seefahrer. Der Ort ist idealer Ausgangspunkt für Wanderungen in den urwüchsigen **Darßer Wald**, der mit 4700 ha das größte zusammenhängende Waldgebiet des *Nationalparks Vorpommersche Boddenlandschaft* [s. S. 49] darstellt. Dieses Naturparadies wird im Westen von der sturmgestalteten, ungemein beeindruckenden Abbruchküste mit pittoresken ›Windflüchtern‹ und im Norden vom flachen Anlandungsstrand mit dem Leuchtturm von 1848 begrenzt. Hier betreibt das Deutsche Meeresmuseum Stralsund das **Natureum** (Tel. 03 82 33/304, www.meeresmuseum.de, Mai–Okt. tgl. 10–18, sonst Mi–So 11–16 Uhr), das über die Darßlandschaft und ihre Tiere informiert.

Das **Ostseebad Prerow** – Hauptort des Darß – hat den größten und feinsten Sandstrand der Halbinsel, der obendrein abschnittsweise durch den Darßer Wald angenehm windgeschützt ist. Kein Wunder, dass hier im Sommer Hochbetrieb herrscht. Beim Spaziergang vom Ort zum Strand überquert man den malerischen *Prerow-Strom*, der einst den Darß von der Insel Zingst trennte, bis 1874 die Ostseemündung zugeschüttet wurde. Seither ist der Strom ein stillgelegter Wasserarm. Anschließend trifft man auf die 390 m lange Seebrücke. Bildschöne Katentüren präsentiert das *Darß-Museum* (Waldstr. 48, Tel. 03 82 33/697 50, tgl. 10–17 Uhr), zudem dokumentiert es das Alltagsleben einer Region, die jahrhundertelang von der Seefahrt geprägt wurde. Kuriose Mitbringsel der Seeleute werden ebenso gezeigt wie Erzeugnisse der einheimischen Volkskultur. An die maritime Vergangen-

Sturmgestaltete Küstenlandschaft vor gewaltigem Waldreservat – der Darßer Weststrand

heit erinnern die schönen Seemannsgrabsteine auf dem Friedhof sowie die Schiffsmodelle (18./19. Jh.) und -bildvotive in der alten *Backsteinkirche* (1728), die auch einen barocken Kanzelaltar besitzt.

Zwischen Meer und Bodden: Zingst

Über die Hohe Düne (13,7 m) mit ihrem Aussichtspunkt kann man von Prerow ins **Ostseebad Zingst**, den größten Urlaubertreff der Halbinsel, wandern. Schön gelegen ist der Ort zwischen Strand und Bodden mit vorgelagerten Inseln. Im Jahr 2000 eröffnete ein Kurhaus an der Seebrücke (Tel. 03 82 32/815 80). Die kleine Insel Bock im Osten erstreckt sich fast bis nach Hiddensee. Dorthin laufen vom Hafen täglich Schiffe zu Boddenrundfahrten und Kurztrips aus.

Sehenswert ist die neugotische *Dorfkirche*, die 1862 nach Entwurf des bedeutenden Berliner Architekten Friedrich August Stüler erbaut wurde. Auf dem *Friedhof* dahinter befindet sich das weiße Grabkreuz der Heimatdichterin Martha Müller-Grählert, die 1908 mit dem Liedtext ›Wo de Ostseewellen trecken an den Strand‹ im norddeutschen Raum bekannt wurde. Ein Gedenkzimmer wurde ihr im *Haus Morgensonne* eingerichtet, das zum *Museumshof Zingst* (Strandstr. 1, Tel. 03 82 32/155 61, Mai–Okt. Mo–Sa 10–17, Dez.–April 10–16, Nov. Di/Do/Sa 10–16 Uhr) gehört. Außerdem sind ein hübsches Kapitänshaus, eine Pommernstube und das ›neue Zingster Bernsteinzimmer‹ zu besichtigen.

Nach Osten führt ein Wanderweg durch den Osterwald und die Sundische Wiese nach Pramort zum östlichsten Zipfel der Halbinsel (Fahrradverleih und Pferdekutsche ab Parkplatz). Von zwei Aussichtspunkten überblickt man die vorgelagerten Bülten **Großer Werder** und **Bock**, auf denen im Frühherbst Tausende von Kranichen auf ihrem Zug gen Süden rasten.

i Praktische Hinweise

Information

Tourismusverband Fischland-Darß-Zingst e.V., Barther Str. 31, Löbnitz, Tel. 03 83 24/64 00, Fax 03 83 24/640 34, www.fischland-darss-zingst.de

Hotels

Blinkfüer, An der Schwedenschanze 20, Dierhagen, Tel. 03 82 26/803 84, Fax 03 82 26/803 92, www.hotel-blinkfueer.m-vp.de. Gutes Hotel mit dem wohl besten Restaurant mecklenburgischer Küche der Halbinsel.

Haus Elisabeth von Eicken, Dorfstr. 39, Ostseebad Ahrenshoop, Tel. 03 82 20/ 69 90, Fax 03 82 20/699 24, www.elisabeth-von-eicken.de. Die Jugenstilvilla der frühen Ahrenshooper Malerin präsentiert sich als edles Gesamtkunstwerk. Dazu gehören charmante Zimmerchen (mit Kunst) und eine erstklassige Küche.

Strandhotel Fischland, Ernst-Moritz-Arndt-Str. 6, Dierhagen Strand, Tel. 03 82 26/520, Fax 03 82 26/529 99, www.strandhotel-fischland.de. Großzügiges Haus der Extraklasse mit Wellnesslandschaft, einmalige Strandlage.

Restaurants

Café Namenlos, Am Schifferberg 2, Ahrenshoop, Tel. 03 82 20/60 60, www.hotel-namenlos.de. Die Legende vom Fischland! Familie Fischer kocht sehr gute heimische Gerichte mit Meeresgetier und Wild.

Café Rosengarten, Schulstr. 13, Seeheilbad Zingst, Tel. 03 82 32/847 04. Außen wie innen ein kleines Schmuckstück. Serviert werden selbstgebackene Kuchen und Torten sowie handgeschöpfte Schokolade. Kräftigere Abendkarte.

Walfischhaus, Chausseestr. 74, Born, Tel. 03 82 34/557 84, www.walfischhaus.de. Café und ökologisch geführtes Restaurant in einem historischen Kapitänshaus am Hafen (Mi geschl.). Im selben angenehm puristischen Ambiente sind auch die Pensionszimmer gehalten.

16 Barth

Einst herzogliche Residenz, heute attraktives Segelrevier.

Das Städtchen war 1316–1605 Residenz der rügischen und später pommerschen Herzöge. Ihr Renaissanceschloss verfiel über die Jahrzehnte immer mehr. Auf den Resten nahe des Markts ließen die Schweden 1733 das **Adlige-Fräulein-Stift** errichten. Den Giebel über dem Rundbogenportal der Dreiflügelanlage ziert das Stifterwappen des schwedischen Königs Friedrich I. Direkt am Markt zieht die stattliche Backsteinkirche **St. Marien** (13./14. Jh.) die Blicke auf sich. Der von Friedrich August Stüler umgestaltete Innenraum bewahrt eine *Bronzetaufe* des 14. Jh.

Die **Reparaturwerft** am Barther Bodden, die heute für Schifffahrtsämter, die Wasserschutzpolizei und Privatkunden arbeitet, steht in der Tradition von einst 15 Reedereien, die hier während der preußischen Herrschaft im 19. Jh. ansässig waren und die Weltmeere mit Segelschiffen beschickten. Durch die Erfindung des Dampfschiffs ging die wirtschaftliche Blüte um die Wende zum 20. Jh. zu Ende. In den vergangenen Jahren brachte der Hafenausbau neue Impulse .

Zu einem Publikumsmagneten haben sich die **Vineta-Festtage** (www.vineta-festtage.de) gemausert, die von Mitte Juli bis Mitte August stattfinden. Jedes Jahr spielt die Vorpommersche Landesbühne Anklam ein neues Stück auf der Seebühne im Barther Bodden, in dem die sagenumwobene Stadt Vineta versunken sein könnte. Bisher sind die Wissenschaftler aber weder hier noch vor Usedom fündig geworden. Dem Mythos der versunkenen Stadt widmet sich auch das sehenswerte **Vineta-Museum** (Lange Str. 16, Tel. 03 82 31/817 71, www.vineta-museum.de, Di–Sa 10–12 und 13–17, So 14–17 Uhr).

i Praktische Hinweise

Information

Barth-Information, Lange Str. 13, Barth, Tel./Fax 03 82 31/24 64, www.stadt-barth.de

17 Stralsund

Plan Seite 56

TOP TIPP *Hansestadt in traumhafter Insellage: ›Venedig des Nordens‹.*

Stralsund ist reich an Sehenswürdigkeiten aus seiner glanzvollen Vergangenheit, als es nach Lübeck die mächtigste Hansestadt des Ostseeraums war. Mit Wismar wurde die Stadt 2002 in die Welterbeliste der UNESCO aufgenommen. Heute leben hier knapp 59 000 Einwohner. Die Stadt – als größte Vorpommerns zugleich Verwaltungszentrum der Region – hat eine außergewöhnliche Atmosphäre und einen regen Kulturbetrieb.

Wie ein Wasserschloss thront Stralsund auf seiner Insel, die durch Brücken und Dämme mit dem Festland und durch Rügendamm und die neue, 2007 eingeweihte **Rügenbrücke** mit Deutschlands beliebter Ferieninsel Rügen verbunden ist. Die neue Brücke (www.ruegenbrucke.com) für den motorisierten Verkehr mit ihrem weithin sichtbaren, 127,5 m hohen Pylon führt parallel zum nach wie vor genutzten historischen Damm (Auto-

Ein faszinierendes Ensemble der Backsteingotik – Nikolaikirche und Rathaus in Stralsund

und Schienenverkehr, Fußgänger und Fahrradfahrer). Von letzterem aus genießt man immer noch den schönsten Blick auf die imposante Stadtsilhouette mit den drei großen gotischen Kirchen.

Geschichte Stralsund entstand im frühen 13. Jh. auf einem Inselhügel, den heute zur Landseite Franken-, Knieper- und Moorteich, zur Seeseite die Meeresenge Strelasund umgeben. Als Reaktion auf die Zerstörung durch die wirtschaftlich konkurrierenden Lübecker im Jahr 1249 sicherte sich Stralsund mit einem Befestigungswall und elf Toren, von denen das **Knieper-** und das **Kütertor** (beide 15. Jh.) erhalten blieben. Mit dem Beitritt zur Hanse begann 1293 die wirtschaftliche Blütezeit. Der Krieg zwischen der Hanse und Dänemark endete 1370 im ›Frieden von Stralsund‹, der die Vorherrschaft der Hanse sicherte. 1628 stand Wallenstein vor den Toren, aber Schwedenkönig Gustav Adolf leistete Hilfe – dafür blieb die Stadt bis 1815 schwedisch. Dann kam Stralsund mit Pommern zu Preußen. Trotz der schweren Luftangriffe im Oktober 1944 blieben viele wertvolle Baudenkmäler erhalten und zeugen noch heute von Macht und Reichtum der Hansestadt.

Besichtigung Die Stralsunder Altstadt ist überschaubar. Einen Rundgang beginnt man am besten am **Alten Markt**, wo die Doppelturmfront der dem Patron der Seefahrer geweihten **Nikolaikirche** 1 den mächtigen Akzent setzt. Wie häufig bei aufstrebenden Städten des Ostseeraums, orientierten sich auch die Stralsunder bei Baubeginn 1270 an der Lübecker Marienkirche, verzichteten jedoch auf ein Querschiff. Der Innenraum birgt eine unglaubliche Fülle hochkarätiger Kunstschätze, die das wohlhabende Bürgertum über Jahrhunderte spendete oder die Hanseschiffer aus fremden Ländern mitbrachten. Zu den schönsten Ausstattungsstücken gehören die vier Reliefs des *Nowgorodfahrer-Gestühls* (um 1370) mit Szenen der Pelztierjagd, eine überlebensgroße *Anna Selbdritt* (1290), die *astronomische Uhr* des Nikolaus Lilienfeld von 1394, der prächtige barocke *Hauptaltar* von Andreas Schlüter und der aufwendig geschnitzte *Bergenfahrer-Altar* (um 1500).

In der Nähe steht ein Juwel der norddeutschen Backsteingotik. Das **Rathaus** 2 (Schaugiebel um 1360) dominiert mit seiner filigran durchbrochenen und verzierten sechsgiebeligen Backsteinfront die Südseite des Alten Markts. Es wurde zum Vorbild vieler Rathäuser im Ostseeraum. Hinter der Ziergiebel-Schauwand

Das schönste Stadtpanorama des Landes – Blick von der Marienkirche auf Stralsund ▷

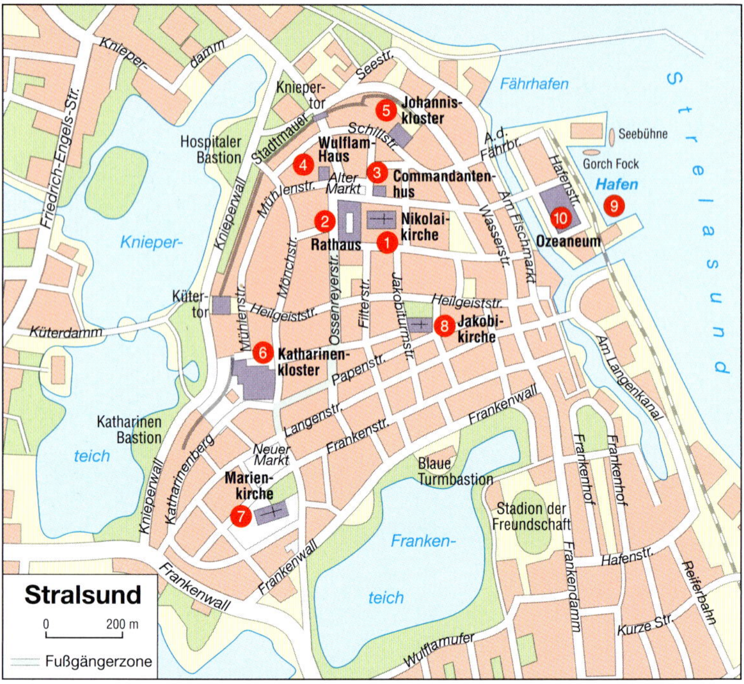

verbirgt sich ein barocker Arkadengang mit reizvoller Galerie, in dem früher Handel getrieben wurde. Wer heute der Einkaufslust frönen will, schlendert am besten die den Alten mit dem Neuen Markt verbindende **Ossenreyerstraße** südwärts – im 19. Jh. eröffneten hier Wertheim und Tietz ihre ersten Läden.

Schaut man sich aber am Alten Markt noch etwas um, fällt im Nordosten das barocke **Commandantenhus** 3 auf, das bis 1815 Residenz des schwedischen Stadtkommandanten war. Vom Selbstbewusstsein des Bürgermeisters Wulflam zeugt der aufwendige Giebel des **Wulflam-Hauses** 4 schräg gegenüber (um 1358).

Das **Johanniskloster** 5 (Mai–Sept. Mi–So 10–18 Uhr) in der nahen Schillstraße ist eine 1254 gegründete Niederlassung des Franziskanerordens. Der aus unterschiedlichen Epochen stammende Gebäudekomplex beherbergt heute das Stadtarchiv. Zu besichtigen sind der gotische Kreuzgang, in dem auch Konzerte stattfinden, Kapitelsaal, Rosengarten, Barockbibliothek und der sog. Räucherboden, in dem einst die Kamine des Anwesens endeten. Die Kirche wurde 1944 bis auf die Umfassungsmauern zerstört. Vor der Chorruine gemahnt eine Kopie der Pietà von Ernst Barlach an die Unmenschlichkeit des Krieges.

Finnwal und Eisbär im Kloster

Im Westen der Altstadt findet sich in der Mühlenstraße und der parallel verlaufenden **Mönchstraße** die ganze Giebelvielfalt Stralsunds: Vom einfachen Dreiecksgiebel über die geschwungenen Segment- und Volutengiebel bis zum Treppengiebel ist hier alles vertreten. In der Mühlenstraße 1 steht sogar das *älteste Giebelhaus* am Ort (13. Jh.), mit Resten einer mittelalterlichen Diele.

TOP TIPP

In der Mönchstraße 25–27 befindet sich das gotische Gebäudeensemble des ehem. **Katharinenklosters** 6, einer Niederlassung der Dominikaner des 13. Jh. Seit dem 20. Jh. nutzen zwei Museen die backsteinernen einstigen Klosterräume. Zum einen hielt 1924 das **Kulturhistorische Museum** (Tel. 038 31/287 90, Di–So 10–17 Uhr) Einzug, das auf zwei Etagen Stadt- und Kulturgeschichte von der Ur- und Frühzeit bis zum Biedermeier präsentiert. Das Museum ist auch stolzer Eigentümer des *Hiddenseer Goldschmucks* aus der Wikingerzeit (9. Jh.). Doch sind aus Sicherheitsgründen selbst die hier gezeigten Glanzstücke – Halsring, Buckelscheibenfibel und 14 Anhänger in Kreuzform aus massivem Gold – lediglich Kopien.

Publikumsliebling im Katharinenkloster ist das **Deutsche Meeresmuseum** (Tel. 03831/265 02 10, www.meeresmuseum.de, Juni–Sept. tgl. 10–18, Okt.–Mai 10–17 Uhr) in der mit Stahlträgern etagierten ehem. Klosterkirche. Hier begeistern Aquarien mit farbenprächtigen Fischen und exotischem Unterwassergetier. Attraktionen sind ein riesiges *Finnwalskelett*, eine Riesenkrabbe und ein Riesentintenfisch. Im Frühjahr 2008 wurde zudem der Aufsehen erregende Erweiterungsbau des Museums, das Ozeaneum (s. u.) auf der Hafeninsel, eröffnet.

Marienkirche und Jakobikirche

Am Neuen Markt, im Süden des Stadtkerns, steht die gewaltige **Marienkirche** 7 (www.st-mariengemeinde-stralsund.de). Ihr markant barock gedeckter und 104 m hoher Turm ist wegen lohnender Aussicht ersteigenswert (366 Stufen!). Der Innenraum hingegen wirkt hauptsächlich durch seine fulminanten Ausmaße, da von der mittelalterlichen Ausstattung fast alles verloren ging. Wertvollstes Stück ist die prachtvolle *Barockorgel* (1653–59) des Lübecker Meisters Friedrich Stellwagen.

Die heute als Kulturstätte genutzte **Jakobikirche** 8 (www.kdw-hst.de/jakobi.htm) aus dem 14. Jh. ist das dritte große Gotteshaus der Stadt und zugleich das schlichteste. Mit seinem charaktervollen gesetzten Viereckturm reiht es sich aber würdig ein in das wahrzeichenhafte Turm-Trio Stralsunds.

Trubel im Hafen

Über die Heilgeiststraße und den Fischmarkt erreicht man die Hafeninsel mit dem **Hafen** 9. Riesige Backsteinspeicher, Zeugen der einstigen Bedeutung des Getreidehandels, bilden den architektonischen Rahmen. In die historischen Gebäude sind viele Kneipen, Cafés und Hotels eingezogen. Hier fand auch das **Ozeanum** 10 (www.ozeaneum.de,), eine Nebenstelle des Deutschen Meeresmuseums und derzeit größter Museumsneubau Deutschlands, einen sinnfälligen Platz. Glitzernde glatte Architektur – manche vergleichen die geschwungenen Gebäude mit Steinen im Wasser – beherbergt großartige Aquarien. Allein das Schwarmfischbecken fasst ca. 3000 m³

Eisbär unter gotischem Gewölbe – zu sehen im Meeresmuseum Stralsund

Wasser, dazu kommen auf drei Ebenen die Bereiche ›Weltmeer‹, ›Ostsee‹ mit direktem Zugang zum Ostseeaquarium, ›Erforschung und Nutzung der Meere‹, die Erlebnisausstellung ›Ein Meer für Kinder‹ sowie eine Pinguinanlage auf der Dachterrasse. Sehenswert ist auch das nahebei vor Anker liegende **Segelschulschiff Gorch Fock I** (tgl. 10–17 Uhr). Es war 1933 erbaut worden, befand sich 1947–2003 im Besitz der sowjetischen bzw. ukrainischen Marine und liegt nun wieder am ursprünglichen Liegeplatz im Hafenbereich Ballastkiste. Daneben hat der Küstenmotorfrachter **Ursula B** (1967) festgemacht, der anlässlich der jährlich stattfindenden **Ostseefestspiele** (Tel. 038 31/246 90, www.ostseefestspiele.de) im Juli/Aug. zur schwimmenden *Seebühne des Theaters Vorpommern* umgebaut wurde.

Nördlich schließt sich der **Fährhafen** an, von dem die *Ausflugsschiffe* (Tel. 038 31/268 10, www.weisse-flotte.de) zu Hafenrundfahrten sowie nach Hiddensee und Rügen ablegen.

i Praktische Hinweise

Information

Tourismuszentrale der Hansestadt Stralsund, Alter Markt 9, Stralsund, Tel. 038 31/246 90, Fax 038 31/24 69 22, www.stralsundtourismus.de

Kultur

Konzerte, Juli–August, Mi abwechselnd in der Nikolai- bzw. Marienkirche.

Wallensteintage (www.wallensteintage-stralsund.de) im Juli mit Rummel und historischen Märkten auf dem Alten Markt, am Hafen und in den Nebenstraßen.

Hotels

Hotel am Jungfernstieg, Jungfernstieg 1b, Stralsund, Tel. 038 31/443 80, Fax 038 31/44 38 19, www.hotel-am-jungfern stieg.de. Familiengeführtes neues Komforthotel in Nähe zum Hauptbahnhof.

Hotel an den Bleichen, An den Bleichen 45, Stralsund, Tel. 03 83 23/39 06 75, Fax 03 83 23/39 21 53, www.hotelandenbleichen.de. Helles und geräumiges Drei-Sterne-Haus, ruhig am Stadtwald gelegen, 15 Min. Fußweg in die Altstadt.

Hotel zur Post, Tribseerstr. 22, Stralsund, Tel. 038 31/20 05 00, Fax 038 31/20 05 10, www.hotel-zur-post-stralsund.de. Direkt im Altstadtkern und nahe St. Marien.

Kontorhaus, Am Querkanal 1, Stralsund, Tel. 038 31/28 98 00, Fax 038 31/228 98 09, www.kontorhaus-stralsund.de. Neubau direkt am Wasser im cool-maritimen Stil des Kreuzfahrtschiffausstatters Reiner Gehr.

Restaurant

Rumpelstilz – Back- und Brauscheune, Dorfstr. 1, Krummenhagen (15 km südwestl. von Stralsund), Tel. 03 83 27/613 34. Urgemütliche Gastlichkeit mit offenem Kamin und ländlicher Kulinarik (Mo–Fr ab 16.30, Sa/So ab 11 Uhr).

◁ *Dem Paradies schon nah – auf Entdeckungsfahrt vor Rügen*

18 Rügen

Deutschlands größte Insel lockt mit vielen Attraktionen: Badefreuden, Kreidefelsen, Residenzen – eine wahre Sehnsuchtsinsel!

Die 926 km² große Insel ist ein kompliziert modelliertes Gebilde, das Kernland zergliedert in zahlreiche Halb- und Nebeninseln. Tief hat sich das Meer ins Land gefressen, Bodden und Buchten gebildet. Betörend ist die **Vielfalt der Landschaft**: Binnengewässer, Wälder, Moore, Trockenwiesen, Heide, Klippen – und Strände, so weit das Auge reicht. Fast 600 km Küste und 90 km Strände zum Baden und Faulenzen! Sehenswert sind aber auch die traditionsreichen **Seebäder** Binz und Göhren – die Kreidefelsen der Stubbenkammer sind ohnehin Pflicht –, das malerische Fischerdorf **Vitt** oder die klassizistische Residenz **Putbus**. Sie ist über eine der grandiosen **Alleen** zu erreichen, die sich auf Rügen wie grüne Arkaden durchs Land ziehen. Kein Wunder also, dass die Insel Touristenströme zu bewältigen hat. Glücklicherweise stehen große Teile der Insel, auf der rund 75 000 Menschen leben, unter Naturschutz.

Die slawischen Ranen erwehrten sich lange der anstürmenden Dänen, bis 1168 der christliche Dänenkönig Waldemar die Insel eroberte und mit dem Bau von Kirchen begann. Bis 1325 regierten die *Rügenfürsten* als Lehnsträger der Dänen, ihnen folgten die pommerschen Herzöge – bis zum Dreißigjährigen Krieg, als die In-

Klassizistische Platzanlage der einstigen Residenzstadt Putbus – vollkommen rund ist der Circus mit dem zentralen Obelisken, den Fürst Wilhelm Malte I. anlegen ließ

Grüne Tunnel

In Sellin auf Rügen geht sie los, verläuft dann über Stralsund, Grimmen, Demmin, Malchin, Malchow, Röbel und Mirow auf genau 264 km durch Mecklenburg-Vorpommern, bevor sie bei Rheinsberg ins Brandenburgische entschwindet und weiter gen Süden durch ganz Deutschland bis zur Insel Reichenau im Bodensee führt – die **Deutsche Alleenstraße**.

Wie ein grünes Band ziehen sich seit dem 17./18. Jh. die stolzen Doppelreihen prächtiger, alter Bäume – meist Linden, Buchen oder Kastanien – entlang der Landstraßen und laden zu Spazierfahrten mit dem Auto oder zu sommerlichen Fahrradtouren im kühlen Schatten ein. Eine der schönsten und meistfotografierten Strecken unter grünem Laubtunnel ist der 8 km lange Teilabschnitt auf Rügen zwischen Putbus und Garz.

In den alten Bundesländern fielen viele Alleen in den 1970er-Jahren dem Straßenbau zum Opfer. Heute weiß man, dass dies ein Fehler war, den man in Mecklenburg-Vorpommern nicht wiederholen will. Daher setzt sich die Arbeitsgemeinschaft Deutsche Alleenstraße, an der sich auch der ADAC aktiv beteiligt, für den Erhalt dieser wertvollen Naturdenkmäler ein.

sel schwedisch wurde. Über Jahrhunderte lebten die Rüganer vom Fischfang, der Landwirtschaft, der Viehzucht und dem Seehandel.

Initiator des Bädertourismus, der Mitte des 19. Jh. einsetzte, war Wilhelm Malte I., Fürst von Putbus, der seiner Baulust frönend eine Residenz schuf und damit badelustige Gesellschaft auf die Insel holte.

Nach Garz und Zudar

Der über den Strelasund führende Rügendamm verbindet Stralsund mit der Insel. Der Blick zurück auf die faszinierende Stadtsilhouette lohnt!

Als erster Ort wird **Garz** besucht, Rügens älteste Stadt. Ihr Name leitet sich von ›Charenza‹ (slaw. Burg) ab, denn bis zur Zerstörung durch die Dänen im Jahr 1168 stand auf dem Gelände der heutigen Freilichtbühne eine slawische Fürstenresidenz mit einem Tempelheiligtum. Zu den Sehenswürdigkeiten zählt das *Ernst-Moritz-Arndt-Museum* (An den Anlagen 1, Tel. 03 83 04/122 12, Mai–Okt. Di–Sa 10–16, Nov.–April 11–15 Uhr), das Briefe, Fotos und andere Dokumente bewahrt, die den Lebensweg dieses patriotischen Schriftstellers und Wortführers der vorpommerschen Bauernbefreiung nachzeichnen.

Das Geburtshaus des Dichters liegt auf dem nur 4 km entfernten Gut **Groß Schoritz**, wo man im Vestibül Kindheitsdokumente des jungen Arndt studieren kann. Von hier aus ist es nicht weit bis Zicker, einem Ausgangspunkt für Spaziergänge über die von Vogelschwärmen bevölkerte Halbinsel **Zudar**, die südlichste Region Rügens.

Ein Stadt-Juwel: Putbus

TOP TIPP

Die ›weiße Perle auf der grünen Insel‹, wie **Putbus** wegen seiner schneeweißen fürstlichen Bauten genannt wird, ist das kulturelle Zentrum der Insel. Die auf dem Reißbrett konzipierte, klassizistische Stadt- und Residenzanlage gab Wilhelm Malte I. von Putbus (1783–1854) nach seiner Erhebung zum Fürsten 1808–23 in Auftrag. Vorbild war Bad Doberan – und hier die Kombination aus fürstlicher Residenz und Badeort –, wo seine Familie mit Vorliebe ihre Badeferien verbrachte. Mittelpunkt des Ortes ist bis heute der **Circus**, ein von weißen Kavaliershäusern gesäumtes Rondell mit Obelisk in der Mitte, an dem die Wege sternförmig zusammenlaufen. Eindrucksvoll sind die vielen Durchblicke und die lang geschnittenen Achsen – eine wahrhaft durchdachte Anlage, ein fürstliches Schmuckstück.

Vom Circus führt die für Autos gesperrte Kastanienalle zu **Fürst Maltes Denkmal**. Weiter unten, im sog. Affenhaus, haben sich ein Puppen- und Spielzeugmuseum (Tel. 03 83 01/609 59, Mai–Okt. tgl. 10–18, Nov.–April Sa/So 11–16 Uhr) sowie ein Café etabliert.

Den als stimmungsvollen *englischen Landschaftsgarten* gestalteten **Schlosspark** mit uraltem Baumbestand schaut man sich am besten von der ansprechenden *Orangerie* an der Alleestraße her an. Sie beherbergt das Tourismusbüro (Tel. 03 83 01/431) von Putbus, in dem man sich zu Stadt- und Parkführungen anmelden kann. Von dem 1962 abgerissenen *Schloss* am Ufer des Schwanenteichs, das der Ausgangspunkt aller Planungen war, künden nur noch die Reste einer Terrassenanlage. Auf einer Parkhöhe steht die *Schlosskirche*, die Friedrich August Stüler einst vom maroden Ballsaal zum Gottenhaus umfunktionierte.

Gegenüber, am Markt 13, liegt das **Theater** (Führungen Tel. 03 83 01/80 80, www.theater-putbus.de), wohl eine der schönsten klassizistischen Bühnen Norddeutschlands. Den edlen Bau mit dem hohen toskanischen Säulenportikus an der Alleestraße schmückt das Stuckfries ›Apoll und die Musen‹.

Eine 3 km lange Lindenallee führt in den nahen Badeort **Lauterbach** an der Küste zum Rügischen Bodden, wo Fürst Malte 1817/18 vor der Kulisse des Goor-Waldes für seine Gäste ein *Badehaus* errichten ließ, das heute das Luxushotel Badehaus Goor nutzt. Die 18-säulige Vorhalle dieser feudalen Dreiflügelanlage erinnert stark an das später von Schinkel erbaute Alte Museum in Berlin.

Vom Lauterbacher Hafen geht der Blick hinüber zur **Insel Vilm**, einem geschützten Naturparadies mit unberührtem Wald und abwechslungsreichen Küstenstreifen (Fahrgastreederei Lenz, Tel. 03 83 01/618 96, www.fahrgastreederei-lenz.de, April–Sept. tgl. Rundfahrten, Inselführungen für max. 30 Personen pro Tag nach Anmeldung).

Putbuser Familien-Erinnerungen gibt es auch in **Vilmnitz**. Hier beherbergt die Kirche *St. Maria Magdalena* die Grablege der Grafen und späteren Fürsten zu Putbus, übrigens seit 1253 in Putbus ansässig und schon damals eine der reichsten Familien Rügens.

Traditionsreiche Seebäder

Höchst vergnüglich, ebenso beschaulich wie gemächlich, ist die Reise mit der Schmalspurbahn **›Rasender Roland‹** von Lauterbach Mole über den Putbuser Bahnhof nach Binz (weitere Stationen: Schloss Granitz, Sellin, Baabe, Göhren).

Wilhelm Malte I. Fürst von Putbus (1783–1854), der Initiator des Bädertourismus auf Rügen

Binz – ›Nizza der Ostsee‹: Der Prunkbau des Kurhauses öffnet sich zum Strand

Eingebettet zwischen Meer, Schmachter See und Granitzwald, ist das **Ostseebad Binz**, das größte und beliebteste auf Rügen. Der feine Sandstrand und die windgeschützte Prorer Wiek sind wie geschaffen für Sonnenanbeter und Schwimmer. Das schlossartige *Kurhaus* vom Ende des 19. Jh., die neu erbaute Seebrücke, die Bäderarchitektur mit ihrer filigranen Ornamentik geben dem Binzer Urlaubsflair den Rahmen. Restaurants, Bars, Discos und elegante Geschäfte sorgen für Kurzweil.

Überblick über Rügen gewährt Schloss Granitz mit Schinkels Aussichtsturm

4 km weiter südlich überragt das **Jagdschloss Granitz** (Tel. 03 83 93/22 63, www.pommersches-landesmuseum.de/jagdschloss-granitz, Mai–Sept. tgl. 9–18, Okt.–April Di–So 10–16 Uhr) auf dem Tempelberg die ausgedehnten Wälder der Granitz. Den wuchtigen, quadratischen Bau mit zinnenbekrönten Ecktürmen (1836–46) schuf der Berliner Architekt Johann Gottfried Steinmeyer für Fürst Malte. Im Inneren sind das Speisezimmer, mehrere Salons, der Marmorsaal sowie eine umfangreiche Jagdtrophäensammlung zu besichtigen. Der Aufstieg in den von Karl Friedrich Schinkel entworfenen, 38 m hohen *Aussichtsturm* ist freilich nicht jedermanns Sache. Das ›Problem‹ ist die äußerst schmale Eisenguss-Wendeltreppe, die kunstvoll durchbrochen ist und den Blick nach unten zieht.

Sellin und **Baabe** sind weitere beliebte Seebäder, wobei sich ersteres durch

Robin Hood der Ostsee

Klaus Störtebeker (ca. 1340–1402), der berühmteste Seeräuber des deutschen Mittelalters, war Anführer der **Vitalienbrüder**, die 1389 das von den Dänen belagerte Stockholm im Dienste des Schwedenkönigs Albrecht über drei Jahre mit Lebensmitteln (Vitalien) versorgten, indem sie fremde Schiffe kaperten. Ihre Schiffe wurden in Wismar und Rostock ausgerüstet. Später setzte die Freibeutertruppe ihre Überfälle auf eigene Faust fort, solange, bis Störtebeker 1402 vor Helgoland von den Hanseflotten erwischt und in Hamburg hingerichtet wurde. Als volkstümlicher Held wird der Seeräuber seitdem in örtlichen Sagen verherrlicht. Alljährlich finden Ende Juni–Anf. Sept. die **Störtebeker-Festspiele** (Tel. 038 38/311 00, Fax 038 38/31 31 92, www.stoertebeker.de) in Ralswiek statt.

In Positur – Piraten der Ostsee in Ralswiek ▷

seine eigenwillig geknickte Seebrücke und hübsche Pensionsvillen mit den auffallend prächtigen Aufbauten. Beide Seebäder haben wunderbare Sandstrände auf der Meerseite und den Selliner See im Hinterland – verbunden durch eine beeindruckende Steilküste mit ausgedehntem Hochwald.

Mönchgut heißt der südöstlichste Zipfel Rügens, so benannt, weil die Halbinsel einst zum Besitz des Klosters Eldena bei Greifswald gehörte. Eine äußerst abwechslungsreiche Landschaft vereint die hügeligen Wälder der Granitz mit den atemraubenden Steilküsten im Osten und den flach auslaufenden Sandstränden gen Süden. Ihr Hauptort ist **Göhren**, seit Ende des 19. Jh. als Seebad berühmt und noch immer viel vom Charme jener Zeit ausstrahlend. Obendrein ist Göhren das reinste Museumsdorf: Wer etwas über die reiche Volkskultur des Mönchguts und seine geologische Entstehung erfahren will, geht am besten ins *Heimatmuseum* (Tel. 03 83 08/21 75, Juli/Aug. tgl. 10–18, Mitte April–Juni/Sept.–Mitte Okt. tgl. 10–17, sonst tgl. 10–16 Uhr,) in der Poststraße. Die Besonderheiten der bäuerlichen Kultur, die sich unter dem Einfluss des Klosters Eldena herausbildete, präsentiert der *Museumshof* (Strandstr., Juli/Aug tgl. 10–18, Mitte April–Juni/Sept.–Mitte Okt. tgl. 10–17, sonst tgl. 10–16 Uhr), eine Hofanlage etwa aus dem Jahr 1600 mit agrarhistorischer Ausstellung. Die charakteristische Bauweise eines schornsteinlosen Haustyps mit tief herabgezogenem Reetdach stellt das *Rookhuus* (Mitte April–Mitte Okt. tgl. 14–17 Uhr) in der Thiessower Straße vor. Solche Rauchhäuser – im Volksmund *Zuckerhut* genannt– wurden von Tagelöhnern oder Fischern bewohnt. Einen Eindruck von der beengten Lebensweise an Bord eines alten Fracht-Motorseglers gewährt das *Museumsschiff ›Luise‹* (Juli/Aug. tgl. 10–17, Mitte April–Juni/Sept.–Mitte Okt. tgl. 10–13 Uhr) hinter den Dünen am Südstrand.

Ein beliebtes Wanderziel im südlichen Winkel des Mönchguts ist das *Pfarrwitwenhaus* in **Groß Zicker**. Das pittoreske Hallenhaus (1723) mit kleiner Ausstellung im Inneren ist eines der ältesten Wohnhäuser auf Rügen.

Im Herzen der Insel: Bergen

15 000 Einwohner und zentral gelegen – **Bergen** ist zugleich größte Stadt und wirtschaftlicher Mittelpunkt Rügens. Der Bau der gewaltigen *Marienkirche* (1180) am Markt geht auf die Initiative des getauften Rügenfürsten Jaromar I. zurück. Ihre mittelalterlichen Wandmalereien führen paradiesische Freuden und die

Besuchermagnet der Jasmunder Kreideküste ist die Aussichtsplattform des Königsstuhls, der auch vom Wasser aus einen erhabenen Anblick bietet

grauenvolle Pein der Hölle vor Augen. 1989 machte die Marienkirche als Treffpunkt des Widerstandes gegen die DDR von sich reden. Im restaurierten Klosterhof gegenüber zeigt das *Stadtmuseum* (Tel. 038 38/25 22 26, Mai–Sept. Mo–Sa 10–17, Okt.–April Mo–Fr 10–12.30 und 13–16 Uhr) Exponate zur Geschichte der Insel. Dort erfährt man auch, dass seit dem 8. Jh. die slawische Burg Rugard (Rügenburg) auf der 90 m hohen Hügelkuppe nordöstlich vom Markt stand, genau da, wo sich heute der *Ernst-Moritz-Arndt-Turm* erhebt. Grenzenloser Weitblick bietet sich vom Aussichtsbalkon über ganz Rügen, bis Stralsund und hinaus auf die offene See! Besucherströme ziehen sommers ins nördlich gelegene **Ralswiek**, wenn dort auf der Freilichtbühne – vorne der Jasmunder Bodden und hinten ein Neorenaissanceschloss als Kulisse – die *Störtebeker-Festspiele* gefeiert werden.

Halbinsel Jasmund

Entree zum Ziel aller Rügen-Besucher, den berühmten Kreidefelsen, ist die Hafenstadt **Sassnitz** auf Jasmund, der Binz ab 1900 den Rang als bevorzugte Badestadt ablief. Erwähnenswert ist, dass Johannes Brahms 1876 hier seine 1. Sinfonie in c-Moll vollendete, und Lenin 1917 – aus der Schweiz kommend – von hier mit dem Fährschiff Richtung Schweden fuhr, um nach Petersburg zu gelangen.

Hochmoore und dichte Buchenwälder sind charakteristisch für den *Nationalpark Jasmund* (30 km^2) – Revier für Seeadler, Lurche, Dam- und Rotwild –, der auch die bekannten Kreidefelsen schützt.

TOP TIPP

Und Schutz tut Not bei jährlich 1,5 Mio. Besuchern am **Königsstuhl**, Pilgern auf den Spuren des romantischen Malers Caspar David Friedrich zum 118 m tief zur See abfallenden Felsen der Sehnsucht. Grandiose Blicke auf Küste und Meer erhascht man von dieser – gebührenpflichtigen! – Plattform (Zufahrtsstraße ab Hagen gesperrt, von dort regelmäßiger Bustransfer). Spannender ist der Fußmarsch über den Hochuferweg von Sassnitz aus. Bis zur **Stubbenkammer** sind es 9 km, unterbrochen immer wieder vom Leuchten der Kreidefelsen. Das flirrende Weiß zum Blau der See und Grün der Wälder genießt man am schönsten frühmorgens und am besten von der *Viktoria-* oder *Ernst-Moritz-Arndt-Sicht*. Das **Nationalpark-Zentrum Königsstuhl** (Tel. 03 88 92/66 17 66, www.koenigsstuhl. com, Ostern–Okt. tgl. 9–19, sonst 10–17 Uhr) unterhält große und kleine Besucher mit mehreren 180-Grad-Multivisionsfilmen und Informationen über die Tier- und Pflanzenwelt des Nationalparks. Ansonsten können sich die Kinder auf dem Naturspielplatz austoben, während die Eltern die Bio-Küche und die Sonnenterrasse des Café-Restaurants ›Bistro‹ (Tel. 03 83 92/66 17 71) genießen.

Im hohen Norden: Wittow

Glowe auf Jasmund (in der Nähe Schloss Spyker, 16. Jh., heute Hotel) und Juliusruh auf Wittow sind durch den schmalen Landstreifen der **Schaabe** miteinander verbunden – ein kilometerlanges, fantastisches Strandrevier! Rügens nördlichste Region bildet die flache, windige Halbinsel Wittow mit dem viel besuchten **Kap Arkona** (ab Putgarten per Arkona-Bahn, in der Saison im 10-Min.-Takt) und seinen *Leuchttürmen* an

TOP TIPP

der Spitze der Landzunge. Der ältere, viereckige wurde 1829 nach Plänen von Karl Friedrich Schinkel in Backstein errichtet und bietet von seiner Plattform eine schöne Aussicht und beherbergt das Museum Kap Arkona (Juli/Aug. tgl. 10–19, Juni/Sept. tgl. 10–18, April/Mai/Okt. tgl. 10–17, Nov.–März tgl. 11–16 Uhr). Der zweite, runde Turm löste den Schinkel-Turm 1902 ab. Der Fußweg entlang der Steilküste führt zu den Burgwallresten einer slawischen Tempelanlage, die dem Gott Swantevit geweiht war.

Nur 1 km entfernt liegen die malerischen Reetdachhäuser des unter Denkmalschutz stehenden kleinen Fischerdorfs **Vitt**. Es wurde bekannt durch seine Fischerkapelle auf einer Anhöhe, auf der der evangelische Theologe Gotthard Ludwig Kosegarten Anfang des 19. Jh. seine Uferpredigten für die Fischer hielt, die, in stündlicher Erwartung des Heringszugs, keine Zeit für den Besuch der Kirche in Altenkirchen hatten. Das Altarbild ›Die Rettung aus Seenot‹ ist eine Kopie des Originals von Philipp Otto Runge in der Hamburger Kunsthalle.

Kap Arkona: Schinkels Leuchtturm spendiert schöne Aussicht, der runde Amtsnachfolger sendet noch Signale

Gingst und Ummanz

Im Westen der Insel sind die *Historischen Handwerkerstuben* (www.historische-handwerkerstuben-gingst.de, Juni–Aug. tgl. 10–17, Mai/Sept. Mo–Sa 10–17, Okt. 10–16, Nov.–April Mo–Fr 10–17 Uhr) in **Gingst** einen Besuch wert. Die beiden reetgedeckten Weberhäuschen an der Hauptstraße bilden eines der nettesten Kleinmuseen des Landes mit historischen Arbeitsgeräten der Handwerkerzünfte. Ein Ausflugsziel für die ganze Familie ist der *Rügen-Park* (Mühlenstr. 22b, www.ruegenpark.de, Juli–Sept. tgl. 10–19, März–Juni Di–So 10–18, Okt. Di–So 10–17 Uhr) mit Riesenrutsche, Scooter, Reitbahn, Miniatur-Rügen usw.

Faszinierend für Naturliebhaber ist die Insel **Ummanz** mit den Rast- und Brutstätten der Kraniche in der Nähe des Ortes **Suhrendorf**.

Höchst lebendig geht es im Biergarten des Fischerdörfchens Vitt zu

Praktische Hinweise

Information

Tourismuszentrale Rügen, Bahnhofstr. 15, Bergen, Tel. 038 38/80 77 80, Fax 038 38/25 44 40, www.ruegen.de

Flugplatz Güttin, 5 km nördlich von Samtens, Tel./Fax 03 83 06/12 89. Tgl. 10–18 Uhr Inselrundflüge.

Hotels

Badehaus Goor, Fürst-Malte-Allee 1, Lauterbach, Tel. 03 83 01/882 60, Fax 03 83 01/882 63 00, www.hotel-badehaus-goor.de. Luxuriös-stilvolles Hotel im ehem. Badehaus der Fürsten von Rügen. Der Wellnessbereich ist entsprechend.

Haus Heidelberg, Marienstr. 7, Ostseebad Göhren, Tel. 03 31/201 55 95, Fax 03 31/201 59 96, www.hausheidelberg.de. Denkmalgeschützte Villa im klassischen Bäderstil mit Apartments. 3 Min. Fußweg zum Strand.

Haus Strandeck, Strandstraße 12, Ostseebad Göhren, Tel. 03 83 08/666 60, Fax 03 83 08/66 66 13, www.avr.de. Haus im schneeweißen Bäderstil, nah am Strand, mit Kur- und Gesundheitszentrum.

Hotel-Pension Villa Seestern, Mühlenstr. 5, Sassnitz, Tel. 03 83 92/332 57, Fax 03 83 92/367 65. Schöne alte Villa mit eigener Fisch-Brasserie und Blick vom Frühstückstisch über die Ostsee.

Hotel Solthus am See, Bollwerkstr. 1, Ostseebad Baabe, Tel. 03 83 03/871 60, Fax 03 83 03/87 16 99, www.solthus.de. Einmalig ruhig gelegen, reetgedeckt, mit Schwimmbad und Wellnessbereich.

Pension Jasmund, Boddenstr. 50, Lietzow, Tel./Fax 03 83 02/30 33. Neu erbaute Frühstückspension, Balkone teilweise mit Blick auf den Jasmunder Bodden.

Ringhotel Villa Aegir, Mittelstr. 5, Sassnitz, Tel. 03 83 92/30 20, Fax 03 83 92/30 27 77, www.hotel-villa-aegir.de. Historische Bäderstilvilla mit kleinen Holzbalkonen. Gutbürgerliches Restaurant.

Top Tipp **Silence Panoramahotel Lohme**, Dorfstr. 35, Lohme, Tel. 03 83 02/92 21, Fax 03 83 02/92 34, www.lohme.com. Das Haupthaus am Steilhang über dem Lohmer Hafen ist schlicht und hell möbliert, die Abendstimmung auf der Veranda mit Blick über die Tromper Wiek einmalig.

Villa Salve, Strandpromenade 41, Ostseebad Binz, Tel. 03 83 93/22 23, Fax 03 83 93/136 29, www.ruegen-schewe.de. Hübsche Jugendstilvilla direkt am Strand, schlichte Zimmer. Restaurant nach Art einer französischen Brasserie.

Zur Linde, Dorfstr. 20, Middelhagen, Tel. 03 83 08/55 40, Fax 03 83 08/556 90, www. zur-linde-ruegen.de. Schöne Zimmer und Ferienwohnungen sowie moderne Wellness im atmosphärereichen ältesten Gasthof der Insel. Die Küche bietet hervorragende Hausmannskost, dazu selbstbrautes leichtes Landbier.

Restaurants

Alte Bootswerft, Hafen, Gager, Tel. 03 83 08/884 70, www.portgager.de. Für viele die beste Lachs-Küche auf Rügen, dazu edles Holzambiente, bodenständige Preise und ein toller Blick von der Terrasse über den Greifswalder Bodden.

Gastmahl des Meeres, Strandpromenade, Sassnitz, Tel. 03 83 92/51 70. Sehr persönlich geführtes Hotelrestaurant für verwöhnte Fischküchenliebhaber. Frisches Ambiente mit einem Hauch Seemannsromantik.

Kliesow's Reuse, Dorfstr. 23 a, Alt-Reddevitz bei Middelhagen, Tel. 03 83 08/21 71. Frischer Fisch in einer umgebauten rustikalen alten Scheune. Ferienwohnungen und Obstgarten.

Top Tipp **Münsterteicher**, Strandpromenade 17/18, Ostseebad Binz, Tel. 03 83 93/143 80. Steaks, Austern und Sushi von Meisterkoch Toni Münsterteicher machen genauso glücklich wie die originelle Einrichtung, z. B. mit knallroten Samtsofas.

Restaurant Vierjahreszeiten im Schlosshotel Spyker, Schlossallee, Spyker, Tel. 03 83 02/770. Große Tafelfreuden unter barocken Stuckdecken, gotischen Gewölben oder im Biergarten.

Strandhalle, Strandpromenade 5, Ostseebad Binz, Tel. 03 83 93/115 64, www.strandhalle-binz.de. Kreative, regionale Küche mit Fischspezialitäten, wiederum von Toni Münsterteicher. Stilechtes antiquarisches Mobiliar.

Taverna im Haus Lindequist, Von-Lindequist-Weg 1, Sellin-Baabe, Tel. 03 83 03/95 00, www.haus-lindequist.de. In der historischen Strandvilla in den Selliner Dünen bringt Carlo Barzaghi raffinierte italienische Küche und ausgesuchte Weine auf den Tisch.

Freundlich empfängt der Hafen von Kloster Besucher auf Hiddenseer

Uns Röckerhus, Spitzer Ort 7, Lietzow, Tel. 03 83 02/569 66, www.ruegen-schewe.de. Delikater Räucherfisch aus dem traditionellen Buchenholzofen der hauseigenen Fischräucherei Harald Schewes.

19 Hiddensee

Auf ›Capri von Pommern‹ geht alles gemächlich, hier fährt der Eilige Fahrrad.

Die reizvolle Naturinsel ist entweder von Stralsund oder Schaprode/Rügen aus per Personenfähre zu erreichen. ›Dat söte Länneken‹, ›das süße Ländchen‹, wie die 18,6 km lange und an breitester Stelle nur 3,75 km messende Insel von ihren heute etwa 1200 Einwohnern liebevoll betitelt wird, bricht die von Westen auf Rügen zurollenden Wellen. Ihr Kapital ist die Natur. Eine einzige Straße führt von Norden nach Süden über die Orte Grieben, Kloster, Vitte und Neuendorf.

Hiddensee ist ›autofreie Zone‹, was vor allem Wander-, Reit- und Radfreunde begeistert. Seit 1990 ist Hiddensee Teil des Nationalparks Vorpommersche Boddenlandschaft. Zu den wenigen vollkommen naturbelassenen Räumen der Ostsee gehören der **Alt-** und **Neubessin** im Norden, die ihre ›Finger‹ gen Rügen strecken, und an der Südspitze das weite Land des angespülten **Gellen**. Durch Sturm und Regen bilden sich hier im Jahresdurchschnitt 50 m Neuland. Ein begeisterndes Wanderrefugium im Norden sind die **Steilufer des Dornbusch**, dem vor Jahrtausenden von Gletschern zusammengeschobenen Moränenhügel. Einen schönen Inselüberblick gibt es dort vom viel fotografierten Leuchtturm aus.

Kulturelles Zentrum der Insel ist **Kloster**, benannt nach der 1296 gegründeten Zisterzienserabtei, von der bis auf einen Torbogen aber nichts mehr erhalten ist. Ein komplettes Modell befindet sich im

Im Sattel die Insel erkunden – die schnellste Art der Fortbewegung auf Hiddensee

Im Haus Seedorn finden im Gerhart-Hauptmann-Haus Lesungen und Konzerte statt

Inselmuseum (Tel. 03 83 00/363, April–Okt. tgl. 10–16 Uhr, Winteröffnung unterschiedlich lt. Aushang) im ehem. Seenotrettungshaus. Bekanntestes Ausstellungsstück sind die Kopien des 1872 am Strand angeschwemmten *Hiddenseer Goldschmucks* (Original in Stralsund, s. S. 56), ein besonders kostbares Beispiel Wikingscher Goldschmiedearbeit.

Die schlichte, gotische *Dorfkirche* ist vom malerischen Inselfriedhof umgeben. Hier liegt auch der Dichter Gerhart Hauptmann begraben, der nach seinem Tod in Schlesien hierher überführt wurde. Nachdem sich die Schönheit und Abgeschiedenheit von Hiddensee in den 80er-Jahren des 19. Jh. herumgesprochen hatte, machten Literaten, Schauspieler, Maler und Musiker hier Ferien, darunter auch Thomas Mann, Sigmund Freud, Gustav Gründgens, Albert Einstein und Joachim Ringelnatz. Hauptmann selbst liebte die Insel über alles und TOP TIPP erwarb 1929 das **Haus Seedorn** (Tel. 03 83 00/397, April–Okt. tgl. 10–17 Uhr, Winteröffnung unterschiedlich lt. Aushang) und verbrachte hier bis 1943 die Sommer. Seine Arbeits- und Wohnräume mit Schreibtisch, Stehpult und eigenhändigen Notizen an der Wand über dem Bett sind erhalten und das Gerhart-Hauptmann-Haus gewährt so Einblick in das Schaffen des bedeutendsten deutschen Dramatikers des Naturalismus.

Größter Ort der Insel ist das einstige Fischerdorf **Vitte**. Zwei Häuser sind hier begehrte Fotomotive. Die reetgedeckte *Blaue Scheune* diente schon in den 20er-Jahren des 20. Jh. als Künstleratelier – aus jener Zeit stammt auch der markante Anstrich. In Privatbesitz ist das von Max Taut entworfene, wegen seiner abgerundeten Ecken ›*Karusel*‹ genannte Haus am Seglerhafen, das einst der Ufa-Stummfilmstar Asta Nielsen bewohnte.

»Ich gehe nach Süden«, sagen die Hiddenseer und wollen in die 5 km entfernte Fischersiedlung **Neuendorf**. Dieses sympathische Fleckchen mit reetgedeckten Häusern und urigen Schifferkneipen ist seit Jahren denkmalgeschützt.

i Praktische Hinweise

Information

Insel Information Hiddensee, Norderende 162, Vitte, Tel. 03 83 00/642 26, Fax 03 83 00/642 25, www.seebad-insel-hiddensee.de

Schiff

Boddenkreuzer und Fähren während der Saison:

Reederei Hiddensee, ab Stralsund, Zingst, Rügen (Schaprode, Wiek), auch *Wassertaxi* direkt ans Ziel, Tel. 018 03/21 21 50, www.reederei-hiddensee.de

Reederei Kipp, ab Rügen (Ralswiek, Breeg), Tel. 03 83 91/123 06, www.reederei-kipp.de

20 Greifswald

Plan Seite 69

Beschauliches Universitätsstädtchen in günstiger Lage zu Rügen und Usedom.

Greifswald ist eine gemütliche Kleinstadt, in der Vergangenheit und Gegenwart ein anregendes Miteinander eingehen. Die Studenten der Ernst-Moritz-Arndt-Universität sorgen für ein junges Flair. Die 55 000-Einwohner-Stadt (davon 11 800 Studenten) ist eine lebendige Kulturstadt mit Kneipen und Livemusik. Berühmte Greifswalder Söhne sind der Maler Caspar David Friedrich (1774–1840) sowie die Schriftsteller Hans Fallada (1893–1947) und Wolfgang Koeppen (1906–1986).

Geschichte 1199 gründeten dänische Zisterziensermönche an der Mündung des Flusses Ryck das Kloster Eldena, um das sich alsbald Kolonisten scharten. Mit dem Erhalt des Lübischen Stadtrechtes setzte ab 1250 der wirtschaftliche Aufstieg ein und 1299 war die Stadt Mitbegründerin der ›Wendischen Hanse‹. Den Reichtum begünstigte eine Saline, die bis 1872 in Betrieb war. Während des Zweiten Weltkriegs blieb Greifswald zwar von Zerstörungen verschont, aber sozialistische Planer setzten der Stadt dann heftig zu. Dennoch hat die Altstadt ihren mittelalterliche Charakter nicht verloren.

Bildschön ist die Barockhaube des Greifswalder Doms, sie gewährt obendrein eine gute Rundumsicht

Besichtigung Drei markante Kirchtürme – ›dicke Marie‹, ›kleiner Jakob‹ und ›langer Nikolaus‹ genannt – prägen die Stadtsilhouette. Den elegantesten hat ohne Zweifel der **Dom St. Nikolai** ❶, seinem quadratischen Unterbau sitzt ein von einer grazilen Barockhaube (1653) gekröntes Oktogon auf. Wer das fast 100 m hohe Wahrzeichen der Stadt erklimmt, wird mit einem formidablen Blick über Greifswald belohnt. Innen sind die Seitenkapellen, mittelalterliche Wandmalereien und das Rubenow-Bild, ein Gruppenporträt der ersten Greifswalder Universitätsprofessoren (1460), sehenswert.

Wer in die schmale Lappstraße einschwenkt, gelangt zum **Marktplatz** ❷ (Wochenmarkt Di/Do/Fr 8–17 und Sa 8–13 Uhr), dem denkmalgeschützten Kern der Altstadt. Die rahmende Architektur mit dem barocken *Rathaus* und den auffallend prächtigen *Giebelhäusern* (Markt 11, 13) schafft eine stimmungsvolle Kulisse. Hier vereinigen sich Lange Straße und Schuhhagen zur **Fußgängerzone**, einer charmanten Shoppingmeile. Eine echte Bereicherung für die Stadt ist das 2005 eröffnete **Pommersche Landesmuseum** ❸ (Rakower Str. 9, www.pommersches-landesmuseum.de, Mai–Okt. Di–So 10–18, Nov.–April 10–17 Uhr). Der Komplex mit mehreren Häusern und Außenanlagen

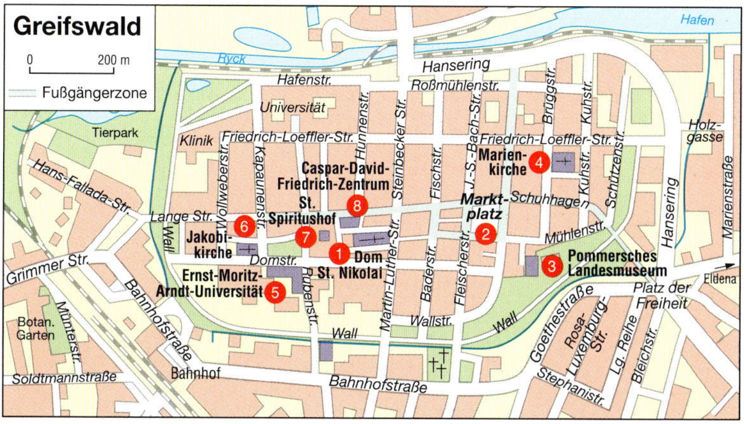

beinhaltet sowohl die moderne Glas-Stahl-Konstruktion der Museumsstraße als auch mittelalterliche Backsteingemäuer und klassizistische Bauten. Zu den Ausstellungsbereichen gehören Erdgeschichte, Landes- und Kulturgeschichte Pommerns, die Greifswalder Universitätsgeschichte und eine *Gemäldegalerie*. Zu deren Highlights zählen Gemälde des 1774 in Greifswald geborenen Caspar David Friedrich.

Nicht zu übersehen ist der voluminös gedrungene Turm der **Marienkirche** 4 (um 1280), eine der wenigen Hallenkirchen des Landes mit geradem Ostabschluss. Während außen der reich verzierte Ostgiebel fasziniert, besticht im Inneren der Kontrast des backsteinroten Pfeilerwaldes zum weißen Gewölbe mit den zarten Kreuzrippen. 1806 von Napoleons Truppen zweckentfremdet, verlor die Marienkirche fast ihre gesamte Innenausstattung. Es blieben eine feine Renaissancekanzel (1587), das Altarbild, eine Kopie Correggios ›Heiliger Nacht‹, der Schrein eines spätgotischen Flügelaltars sowie der Grabstein Heinrich Rubenows.

Am begrünten **Rubenowplatz**, im Westen der Stadt, erinnert ein *Denkmal* (1856, nach Entwürfen von Friedrich August Stüler) an die Verdienste des Universitätsgründers. Am Silvestermorgen 1462 wurde er von politischen Gegnern ermordet. An der Südseite dieses Platzes liegt der stattliche Barockbau (1750) der **Ernst-Moritz-Arndt-Universität** 5. Ihre prachtvolle Aula kann auf Anfrage besichtigt werden. Die Alma Mater besteht seit 1456 und ist damit nach Rostock die zweitälteste in Nordeuropa. Bedeutende Forscher haben hier gelehrt und gelernt, u.a. der Humanist Ulrich von Hutten, der Reformator Johann Bugenhagen, der Arzt Ferdinand Sauerbruch, der Dichter Ernst Moritz Arndt und Turnvater Jahn.

Einen Steinwurf entfernt ist die **Jakobikirche** 6. Die kleinste im Bunde der Greifswalder Gotteshäuser hat ein interessantes Turmportal. Ein idyllisches Refugium zum Schauen und Stöbern liegt gleich um die Ecke: der **St. Spiritushof** 7 (Eingang Lange Str. 43). Das alte Hospital besteht heute aus niedrigen Fachwerkhäuschen des 18. Jh., die zum einen Teil als Künstlerateliers, zum anderen als Café genutzt werden. An der Stelle des 1901 abgebrannten Geburtshauses von Caspar David Friedrichs informiert seit 2004 das **Caspar-David-Friedrich-Zentrum** 8 (Lange Str. 57, www.caspar-david-friedrich-gesellschaft.de, Juni–Sept. Di–So 11–17, Okt./Nov. Di–So 11–16, Dez.–Mai Di–Sa 11–16 Uhr) über Leben und Schaffen des Künstlers. Womit der Vater Adolph Gottlieb Friedrich seine Familie ernährte, wird im Kellergeschoss gezeigt – nämlich als Seifensieder und Lichtgießer, d.h. er zog Kerzen.

Die Ruine der alten Zisterzienserabtei Eldena begeisterte schon die Romantiker

Van Gogh lässt grüßen – die hölzerne Klappbrücke von Wieck ist eine Attraktion

Ausflüge

Über die Wolgaster Straße stadtauswärts gelangt man schließlich zur **Klosterruine Eldena**. Die imposante Ruine der 1199 gegründeten Zisterzienserabtei machte der Maler Caspar David Friedrich zu Beginn des 19. Jh. durch Gemälde, die das Motiv in unterschiedlichem Umfeld darstellen, zu einem der bekanntesten Naturschauplätze der deutschen Romantik.

Bereits damals waren die Reste des nach dem Dreißigjährigen Krieg als Steinbruch genutzten Klosters erstmals konserviert worden, die umliegende Parkanlage wurde vom preußischen Gartendirektor Peter Joseph Lenné gestaltet. Erhalten sind Teile der Klosterkirche mit Spitzbogenfenstern, der Klausurgebäude und des Kreuzgangs. Größter Beliebtheit erfreuen sich die sommerlichen Klassik- und Jazzkonzerte vor der malerischen Kulisse der Klosterruine unter uralten Eichen.

Nur 10 Min. entfernt führt eine historische *Klappbrücke* (1886) nach holländischem Vorbild über den Fluss Ryck in das hübsche Dorf **Wieck** (für Pkws nur mit Ausnahmegenehmigung passierbar). Alle Schiffe, die den Greifswalder Hafen anlaufen, müssen die 30 m lange Holzkonstruktion durchfahren. Während der Hauptsaison zieht der Brückenmann mehrmals täglich die Wiegebalken per Handwinde hoch.

Eine Erfrischung für Wasserratten verheißt das **Strandbad Eldena** mit feinem Sandstrand am Greifswalder Bodden.

i Praktische Hinweise

Information

Fremdenverkehrsverein Greifswald und Land e.V., Rathaus, Am Markt, Greifswald, Tel. 038 34/52 13 80, Fax 038 34/52 13 82, www.greifswald.de

Hotel

Hotel Kronprinz, Lange Str. 22, Greifswald, Tel. 038 34/79 00, Fax 038 34/79 01 11, www.hotelkronprinz.de. Das Vier-Sterne-Haus wird allen Ansprüchen gerecht. Die Terrasse bietet einen herrlichen Blick auf den Dom, die Küche Frisches von der Küste und Leckeres aus aller Welt.

Beim ›Alten Fritz‹ in Greifswald gibt es deftige Speisen

Der Junge mit dem Kahn – am Achterwasser bei Zempin auf Usedom

Restaurants

Hornfischbar, Salinenstraße/An den Ryckbrücken, Greifswald, Tel. 038 34/172 24 00. Unkompliziertes La Paloma im Greifswalder Museumshafen mit netter Speisekarte und Musike (Jan.–März geschl.)

Le Croy, Rakower Str. 9 (im Pommerschen Landesmuseum), Greifswald, Tel. 038 34/77 58 45, www.le-croy.de. In Restaurant und Café zelebriert Frank Stefans hohe Tafelkultur in avantgardistischem weißem Ambiente (Mo geschl.).

Zum Alten Fritz, Markt 13, Greifswald, Tel. 038 34/578 30. Stets gut besuchtes historisches Braugasthaus mit deftigen Mahlzeiten und frisch Gezapftem.

21 Wolgast

Alte Herzogsstadt am linken Peene-Ufer, Tor nach Usedom.

Auf den ersten Blick macht Wolgast (13 000 Einwohner) einen eher unscheinbaren Eindruck. Doch die kleine Stadt ist eine der ältesten Ansiedlungen Pommerns. Im netten Altstadtkern, welcher der Schlossinsel vorgelagert ist, stößt man auf interessante Zeugnisse der vorpommerschen Kulturgeschichte. Nach Teilung der pommerschen Herrscherdynastie in die Linien Stettin und Wolgast nahm letztere auf der kleinen Schlossinsel im Peenestrom 1295 ihre Residenz. Bis 1625, als diese Herzogslinie ausstarb, dauerte die darauf folgende Blütezeit der Residenzstadt. 1675 wurde das Schloss des nun zu Schweden gehörenden Wolgast durch den Beschuss brandenburgischer Kanonen zerstört. 1713 ließ Peter der Große die Stadt während des Nordischen Krieges niederbrennen.

Die zwölfeckige **Gertrudenkapelle** auf dem Friedhof an der Chausseestraße soll Pommernherzog Bogislaw X. um 1400 nach der Rückkehr von einem Kreuzzug gestiftet haben. Extravagant ist das Sterngewölbe im Inneren, das sich auf kunstvolle Weise aus einem einzigen Mittelpfeiler entwickelt.

An der Stelle der **Petrikirche** (Tel. 038 36/20 22 69) stand einst ein slawischer Tempel, den Bischof Otto von Bamberg 1128 nach entsprechendem Umbau als christliche Kirche weihte. Die heutige stadtbeherrschende Backsteinbasilika – dreischiffig mit Umgangschor – entstand 1280–1350. Die Krypta diente den Pommernherzögen als Grablege, und in den Seitenschiffen hängt ein mehrteiliger barocker ›Totentanz‹, eine Nachahmung der Holzschnitte von Hans Holbein d. J. Der mächtige Kirchturm verlor bei einem Brand im Jahr 1920 seine Spitze, kann aber trotzdem erstiegen werden.

Das Stadtbild zeigt im Wesentlichen barocke und klassizistische Wohnhäuser, wobei dem mittelalterlichen Kern des **Rathauses** eine barocke Schaugiebelfassade vorgehängt und ein Glockentürmchen aufgesetzt wurde. In einem quadratischen Lagerhaus seitlich vom Rathaus dokumentiert das **Stadtmuseum ›Kaffeemühle‹** (Tel. 0 38 36/20 30 41, Juni–Aug. Di–Fr 10–18, Sa/So 10–16, Sept.–Mai Di–Fr 10–17, Sa 10–14 Uhr) anschaulich die Wolgaster Geschichte und zeigt wechselnde Kunstausstellungen. Zu einem Museum ausgebaut wurde das **Rungehaus** (Kronwiekstr. 45, Tel. 038 36/20 20 00, Juni–Aug. Di–Fr 10–18, Sa/So 10–16, Sept.–Mai Di–Fr 10–17, Sa 10–14 Uhr) in dem der Künstler Philipp Otto Runge geboren wurde. Das Haus zeigt Gemäldekopien (›Die Hülsenbeckschen Kinder‹ u. a.) des berühmten Wolgaster Reedersohns, der als protestantischer Hauptvertreter romantischer Malerei gilt.

Im Stadthafen kann man das weltweit älteste **Eisenbahnfährschiff ›Stralsund‹** besichtigen. Der Dampfer war 1890 vom Stapel gelaufen und pendelte zwischen Wolgast und Usedom. Heute steigt man für diese Strecke am Hafen in die **Usedomer Bäderbahn** (Tel. 03 83 78/271 32, www.ubb-online.com), die bis Ahlbeck auf Usedom fährt.

Eine nette Abwechslung für Familien mit Kindern bietet der **Tierpark Wolgast** (Tannenkamp, Tel. 038 36/60 24 31, www.tierparkwolgast.de, Mai–Sept. tgl. 9–18, sonst 9–16 Uhr).

i Praktische Hinweise

Information

Wolgast-Information, Rathausplatz 10, Wolgast, Tel./Fax 038 36/60 01 18, www.wolgast.de

22 Usedom

Sandstrand (42 km!), Bäderrummel, Bauernland auf Deutschlands zweitgrößter Insel – ein Ferienparadies!

»Man hat Ruhe und frische Luft und diese beiden Dinge wirken wie Wunder und erfüllen Nerven, Blut und Lungen mit einer stillen Wonne«, teilte Theodor Fontane – begeistert von Usedom – 1863 seiner Frau Emilie mit.

Bis heute gilt das Usedomer **Klima** wegen seiner kochsalzhaltigen Seeluft, die sich mit den ätherischen Ölen der vielen Kiefernwälder im Hinterland mischt, als äußerst gesund. Die gesamte Insel ist mit ihren Wasserflächen ein 445 km² großer **Naturpark**. Im Gegensatz zum lang gezogenen Küstenstreifen ist die dem Festland zugewandte Seite von mit Schilf bewachsenen Buchten wie dem großen Achterwasser gesäumt. Hier gibt es viele verträumte Winkel. 14 ausgewiesene Naturschutzgebiete liegen über den relativ ebenen Nordteil und den hügeligeren Südteil der Insel verteilt, darunter das

Usedom: Ob mit Korb oder ohne, der Strand von Heringsdorf lädt allemal zum Urlauben ein

Veranden, Giebel, Erker ohne Ende – auf Usedom gibt es klassische Bäderarchitektur zu bewundern. Eine Perle in der Bäderkette ist Bansin, hier die Bergstraße

14 m tiefe *Mümmelkenmoor* bei Bansin und der stille *Gothensee*, Lebensraum für seltene Tagfalter ebenso wie für scheue Fischotter.

Sein goldenes Zeitalter erlebte Usedom in der zweiten Hälfte des 19. und zu Beginn des 20. Jh. Als die ersten Usedomer **Seebäder** ihren Betrieb aufnahmen, sprach sich das schnell im nicht allzu fernen Berlin herum. Nicht nur Kaiser Wilhelm II., auch die Hochfinanz aus dem Grunewald, das Hofbeamtentum aus Charlottenburg und die Kleinbürger aus Wilmersdorf fanden es schick, im mondänen Heringsdorf, in Ahlbeck oder Zinnowitz zu promenieren – und binnen kürzester Frist war Usedom die ›Badewanne von Berlin‹. Heute erreichen Bahnreisende die Insel über den Bahnhof Züssow. Mit den neuen Zügen der Usedomer Bäderbahn geht es von dort über die Wolgaster Brücke bis nach Ahlbeck und zur polnischen Grenze.

Eine Usedomer Besonderheit und beliebter Treffpunkt an lauen Sommerabenden sind die weit ins Meer reichenden **Seebrücken**, z. B. in Zinnowitz, Koserow und Bansin. Auch die 1958 abgebrannte Seebrücke von Heringsdorf wurde wiedererrichtet und ist mit 500 m wieder die längste in ganz Kontinentaleuropa. Die 1898 erbaute Ahlbecker Seebrücke ist dagegen die älteste Deutschlands und wurde zum Wahrzeichen von ganz Usedom.

Über Zinnowitz nach Peenemünde

Traditionsreichster Usedomer Badeort ist **Zinnowitz**, denn schon 1851 erhielt das einstige Büdner-, Fischer- und Bauerndorf die Genehmigung zum Badebetrieb. So ist die lange Strandpromenade noch von adretten Exemplaren kaiserzeitlicher Bäderarchitektur gesäumt. In den 1950er-Jahren ließ jedoch der Gewerkschafts-Feriendienst der werktätigen Arbeiterklasse sechsstöckige Bettenburgen ohne die dazugehörige Infrastruktur aus dem Boden stampfen und betrieb sozialistischen Massentourismus. Das Kurhaus und das Hotel Baltic in der Dünenstraße – mit einer neuen Meerwasser-Bernsteintherme (Tel. 03 83 77/3 55 00, tgl. 10–22 Uhr) – stammen aus dieser Zeit. Die Umgebung von Zinnowitz, das in den 30er-Jahren des 20. Jh. von den Peenemünder Raketeningenieuren bevorzugt wurde, wird im Norden von der buchenbestandenen Küste und im Süden von tiefer liegenden Mooren und Wiesen geprägt.

Seit 1936 und später zu DDR-Zeiten war jedem Normalsterblichen der Zugang nach **Peenemünde** auf der nördlichen Usedomer Landzunge verwehrt, da das ganze Terrain militärisches Sperrgebiet war. Heute fährt man auf der Straße hinter Karlshagen kilometerlang durch knochentrockene Kiefern- und Birkenwälder, die wegen Munitionsverseuchung umzäunt sind. In der einstigen

Heeresversuchsanstalt betrieben die Nazis unter Leitung des Raketenkonstrukteurs Wernher von Braun den Bau der ersten automatisch gesteuerten Flüssigkeitsgroßrakete, deren Bau zahllose Zwangsarbeiter mit dem Leben bezahlten. Die V 2 wurde 1944 als ›Wunderwaffe‹ gegen England eingesetzt. Am 3. Oktober 1942 hatte ein Vorläufertyp A 4 einen erfolgreichen Flug absolviert, dieses Datum ging als Geburtsstunde der Raumfahrt in die Weltgeschichte ein. Nach der Wende öffnete das *Historisch-Technische Informationszentrum* (Tel. 03 83 71/50 50, www.peenemuende.de, April–Okt. tgl. 9–18, Nov.–März tgl. 10–16 Uhr) seine Pforten. Das Museum zeigt im ehem. Kraftwerk der Heeresversuchsanstalt Flugzeuge und Raketen aus der Zeit von 1936 bis 1990, informiert sowohl über die technikgeschichtlichen Ereignisse als auch über die Verbrechen der Nazis.

Experimentierfreudige werden in der Ausstellung *Phänomenta* (Museumsstr. 12, Tel. 03 83 71/260 66, www.phaenomenta-peenemuende.de, Mitte März–Okt. tgl. 10–18, Ende Dez.–Anf. Jan. und einige Tage im Febr. tgl. 10–16 Uhr) spielerisch so manches Wunder der Technik begreifen – einfach mitmachen und ausprobieren.

Abtauchen in die Welt der U-Boote kann man dagegen im *Maritim Museum* (Tel. 03 83 71/285 65, www.u-461.de, Juli–Mitte Sept. 9–21, April–Juni/Mitte Sept. –Okt. 10–18, Nov.–März 10–16 Uhr) bei der Besichtigung des im Haupthafen liegenden, fast 100 m langen und 400 Tonnen schweren U-Boots ›Juliett U-461‹.

In Peenemünde begann die Raumfahrt, lange vor Cape Kennedy und Baikonur

Atelier und Salzhütten

Der Weg in den Inselsüden führt über **Lüttenort** an der schmalsten Stelle Usedoms zwischen Achterwasser und Oderbucht. Auf einem Anwesen am Bahnübergang liegt das Refugium des Landschaftsmalers Otto Niemeyer-Holstein (1896–1984). Er gehörte zum Künstlerkreis von Ascona, bevor er sich hier 1933 in einem ausrangierten Berliner S-Bahn-Wagen niederließ. Wohn-und Arbeitsstätte sind umgeben von einem stimmungsvollen Garten (Tel. 03 83 75/202 13, www.atelier-otto-niemeyer-holstein.de, Mitte April–Mitte Okt. Mi/Do/Sa/So 10–16, sonst tgl. 10–18 Uhr). Das *Atelier Otto Niemeyer-Holstein* (Führungen 11, 12, 14 Uhr) ist mit Gemälden, Aquarellen und Grafiken des Tessin und der vorpommerschen Boddenküste bestückt.

Am Ortseingang der stillen Sommerfrische **Koserow** stehen links in den Dünen, zwischen Strand und Wald, noch einige reetgedeckte Salzhütten, die früher als Lager für steuerfreies, vom Staat geliefertes Salz dienten. Mit dem Einlegen der Fische in Salzlake hatte die arme Bevölkerung dadurch wenigstens eine karge Verdienstquelle. Zu diesem Thema gibt es hier ein kleines Museum – und leckerer Fisch ist im Restaurant in einer der Salzhütten zu bekommen.

Nur wenige Kilometer weiter führt ein Waldweg auf den **Streckelsberg** mit stolzen 58 m Höhe. Imposant ist die Kliffranddüne, eine eiszeitliche Endmoräne.

Seebad-Meile – Insel-Perlen

Das Seebad Bansin ist das nördlichste und jüngste der bekannten drei TOP TIPP **Kaiserbäder Bansin – Heringsdorf – Ahlbeck**, die alle durch eine 8,5 km lange Promenade, die längste Europas, miteinander verbunden sind. Traumhafte Badebedingungen bietet der 42 km lange Sandstrand an der **Pommerschen Bucht** zwischen Peenemünde und Ahlbeck, hinterfangen von einem Dünenwall mit Kiefernwäldern und daher angenehm windgeschützt. Vom Charme der alten Tage kündet die Bäderarchitektur, besonders großzügig an der Bergstraße, mit schönen Läden und Pensionen. Auf Anfrage kann man sich durch das *Atelierhaus* (Seestr. 60, Tel. 03 83 78/292 28) des Bansiner Malers Rolf Werner (1916–1989) führen lassen und dabei seine zauberhaft poetisch-naive Welt der Zirkus-, Rummelplatz- und Landschaftsbilder entdecken. Im *Tropenhaus* (Goethestr. 10, tgl. 10–18 Uhr) lockt eine bunte Fülle exotischer Tiere und Pflanzen. Nach Besichtigung der Krokodile ist Erholung im Tropen-Bistro ›Schlangennest‹ angesagt. Lohnend, zumal mit Kindern, ist auch der Besuch des *Naturlehrpfads Mümmelkensee* im Norden.

Zum nostalgischen Erlebnis wird der Besuch der Prachtbauten von **Heringsdorf**, dem vornehmsten Mitglied im Bäder-Trio. Darüber dass es hier einst mondäner als anderswo auf Usedom zuging, täuscht der gewöhnliche Name hinweg, den angeblich Preußenkönig Friedrich Wilhelm IV. dem Ort wegen seiner vielen Heringssalzereien verlieh. Er ließ auch die neugotische *Backsteinkirche* auf dem Kulmhügel durch den Berliner Architekten Ludwig Persius errichten. Etwa auf gleicher Höhe thront das (heutige) Hotel *Weißes Schloss*, das Georg von Bülow 1824 als Gästehaus bauen ließ und mit dem die Geschichte des Seebads eigentlich richtig begann. Später war es das erste Ferienheim der Hohenzollern. Seitdem boomte Heringsdorf, entstanden Sommervillen und Paläste für die feine Berliner Gesellschaft. Allerorten gibt es noch heute Wintergärten, Veranden, Giebel, Erker, Putten … Unbedingt besuchen sollte man die *Villa Irmgard* (Maxim-Gorki-Str. 13, Tel. 03 83 78/223 61, Di–So 10–18 Uhr), wo allerlei über prominente Sommergäste wie Heinrich Mann, Theodor Fontane, Heinrich Heine und Johann Strauß zu erfahren ist, besonders aber über den lungenkranken russischen Dichter Maxim Gorki, der 1922 während einer Kur in diesem Haus wohnte. Und dann geht es natürlich auf die neue *Seebrücke*, die längste der Ostseeküste, mit Läden, Wohnungen und Restaurants! Im Einkaufszentrum nahebei zeigt das *Muschelmuseum* (mit Verkauf, Strandpromenade 1, tgl. 10–18 Uhr, im Sommer bis 20/21 Uhr) schillernde Kalkschönheiten aus aller Welt. Meist nur Sa/So möglich ist der Blick in die Sterne in der *Volkssternwarte* (Promenade, Tel. 03 83 78/47 16 50, www.sternwarte-usedom.de, ab 22 Uhr).

Das populärste und mit 3500 Einwohnern größte Usedomer Seebad ist **Ahlbeck**. Als es hier ab 1852 mit dem Fremdenverkehr so richtig losging, schossen die prächtigen klassizistischen und neugotischen Logiervillen im Stil der norddeutschen Bäderarchitektur wie Pilze aus dem Boden. Noch immer machen sie den Charme des Stadtbildes aus und sind als feudale Ferienpensionen sehr begehrt. Größte Ahlbecker Attraktion ist die älteste deutsche *Seebrücke* mit dem türmchenbekrönten Pavillon (1898). Auf der Rückseite des historischen Bauwerks kann man – außer montags – mit Blick auf die Ostsee gut essen. Ihren strahlend weiß-rot-grünen Anstrich erhielt die Gaststätte kurz nach der Wende anläss-

Sehen und gesehen werden – an Ahlbeck Seebrücke herrscht stets reges Kommen und Gehen

Strandwanderer im Abendlicht

lich der Dreharbeiten zu dem Loriot-Film ›Pappa ante Portas‹ (1991). Die Jugendstiluhr vor der Seebrücke ist Ausgangspunkt für so manchen Strandbummel.

Gleich hinter Ahlbeck können Fussgänger und Radfahrer den Grenzübergang nach **Świnoujście/Swinemünde** zum polnischen Teil von Usedom passieren (mittlerweile auch ohne Ausweis). Im Zentrum sind zwar einige Gebäude aus der Gründerzeit des einst prachtvollen ersten preußischen Seebads (1825) renoviert, aber die Menschenmassen strömen vornehmlich auf den trubeligen Markt zum Billigeinkauf von CDs, DVDs, Kleidung, Zigaretten, Obst, Bernstein und allem erdenklichen Schnickschnack.

Mellenthin und Usedom

Idyllisch gelegen ist das gotische *Kirchlein* im stillen Heidedorf **Mellenthin**. Auffallend sind innen die mit hübschen Blumen bemalten Türen der Betstübchen. Als ob die Zeit stehen geblieben sei, wirkt der Hof des nahen *Wasserschlosses*, eine wuchtige, 1580 erbaute Dreiflügelanlage mit Restaurant. **Usedom-Safari** (Tel. 038 36/20 32 90, www.insel-safari.de) bietet Land-Rover-Touren, Rundflüge, Kajakausflüge, Schlauchbootfahrten u. a. an.

Nördlich ragt ins Achterwasser der **Lieper Winkel** mit seinen Dörfern hinein – nicht aufregend, aber schön, verträumt und still.

Ruhig ist es auch im Städtchen **Usedom** an der Nordspitze des gleichnamigen Sees, das der Insel ihren Namen gab. Auf dem Schlossberg, wo sich einst eine slawische Burg befand, erinnert ein *Granitkreuz* an das Jahr 1128, den Anfang der Christianisierung im Nordosten. In der im Kern spätgotischen, in historistischer Manier umgebauten *Stadtkirche* sind die geschnitzten Altarschranken mit barocken Wappen von Bedeutung. Von den drei spätmittelalterlichen Stadttoren hat sich als einziges das *Anklamer Tor* (1450) erhalten. Ein massiger, blendbogenverzierter Backsteinklotz mit spitzbogiger Durchfahrt und Heimatstube im Inneren. Ansonsten führt Usedom ein Inseldasein auf der Insel – die Umgehungsstraße vom nahen Anklam Richtung Bäderküste entlässt nur wenige Reisende.

i Praktische Hinweise

Information

Usedom Tourismus, Waldstr. 1, Seebad Bansin, Tel. 03 83 78/477 10, Fax 03 83 78/47 71 18, www.usedom.de

Hotels

Oasis, Strandpromenade, Seebad Heringsdorf, Tel. 03 83 78/26 50, Fax 03 83 78/265 99. Schöne Jugendstilvilla in großer Parkanlage, Zimmer mit Meerblick, Restaurant und Bistro vorhanden.

Romantik Seehotel Ahlbecker Hof, Dünenstr. 47, Ahlbeck, Tel. 03 83 78/620, Fax 03 83 78/621 00, www.seetel.de. Gediegenes Fünf-Sterne-Haus in klassischer Bäderarchitektur, mit Blick auf die Seebrücke. Kaminzimmer, paradiesischer Pool- und Wellnessbereich. Gourmetrestaurant ›Kaiserblick‹. 18-Loch-Golfplatz.

Strandhäuser Blankenfohrt, Am Strande 29, Ückeritz, Tel. 03 83 75/560, Fax 03 83 75/564 00 (über Forsthaus Damerow). Hübsche, knallbunte Feriendoppelhäuser, komfortabel.

Restaurants

Wasserschloss Mellenthin, Dorfstr. 25, Mellenthin, Tel. 03 83 79/289 30. Café-Restaurant mit Biergarten, selbstgebackenen Kuchen und gutbürgerlicher Küche. Auf Anmeldung ritterliches Mitternachtmenü.

Usedomer Brauhaus, Platz des Friedens, Seebad Heringsdorf, Tel. 03 83 78/614 20. Hausgebrautes naturtrübes Inselbier und Elsässer Flammkuchen aus dem Steinofen in rustikalem Ambiente.

Waterblick, Am Mühlenberg 5, Loddin, Tel. 03 83 75/202 94. Sehr gutes Fisch- und Grillrestaurant mit pommer'schem Einschlag.

Lutter & Wegener, Kulmstr. 3, Seebad Heringsdorf, Tel. 03 83 78/221 25. Die Weinhandlung mit Restauration ist ein Ort für Genießer.

23 Anklam

Hansestädtchen im Peenetal, Geburtsort des Flugpioniers Otto Lilienthal.

Anklam entwickelte sich an einem Flussübergang der schiffbaren Peene nahe der Odermündung. Binnen- und Seehandel waren die Erwerbsquellen der günstig gelegenen Stadt, Grund für den frühen Anschluss an die Hanse im Jahr 1283, dem eine Blütezeit folgte. Ihr Niedergang war gleichbedeutend für die Stadt. Von den mittelalterlichen Wehranlagen blieben der runde **Pulverturm** und das hohe gotische **Steintor** in der Schulstraße erhalten. Dort informiert das *Museum im Steintor* (www.museum-im-steintor.de, Mai–Sept. Di–Fr 10–17, Sa/So 14–17, sonst Di–Fr 10–16, So 14–17 Uhr) über die Regionalgeschichte. Ein handgebasteltes Stadtmodell offenbart den schachbrettartigen Altstadtgrundriss mit dem geviertförmigen Markt, an dem sich die beiden Kirchen St. Marien und St. Nikolai erheben. In **St. Marien** sind wertvolle mittelalterliche Wandmalereien zu sehen, während **St. Nikolai** kurz vor Ende des Zweiten Weltkriegs abbrannte und erst jetzt wieder aufgebaut wird.

1848 kam Otto Lilienthal in Anklam zur Welt. Er machte später als Flugpionier Furore. Seine halsbrecherischen Flugversuche, die er 1896 mit dem Leben bezahlte, unternahm er zwar in Berlin, doch An-

Wie ein tollkühner Mann das Fliegen lernte – das Otto-Lilienthal-Museum in Anklam informiert modern und aktionsreich darüber

klam ehrt seinen großen Sohn gebührend mit dem hochinteressanten, didaktisch vorbildlichen **Otto-Lilienthal-Museum** (Ellbogenstr. 1, www.lilienthal-museum.de, Juni–Sept. tgl. 10–17, Okt./Mai Di–Fr 10–17, Sa/So 14–17, Nov.–April Mi–Fr 11–15.30, So 13–15.30 Uhr). Ein aerodynamisches Labor, nachgebaute Flugapparate aus Weidenrute und Baumwollstoff im Maßstab 1:1, der Lilienthal-Gleitapparat zum Anfassen und Ausprobieren, begeistern Erwachsene und Kinder gleichermaßen und lassen so manchen ganz leicht abheben.

TOP TIPP

Ausflüge

Die Umgebung von Anklam ist so reich an sehenswerten Burgen und Herrenhäusern, dass man eine richtige ›Schlössertour‹ machen kann: 17 km nördlich liegt **Schloss Karlsburg**, eine der elegantesten Schöpfungen des pommerschen Hochbarock. 1732 ließ sich Carl Heinrich Behrend von Bohlen das Haupthaus, das über eine lange Galerie mit dem Flügelbau verbunden ist, errichten.

In **Stolpe** (10 km südwestlich) gründete der bekehrte Slawenfürst Ratibor I. 1153 das erste vorpommersche Benediktinerkloster, von dem die Christianisierung des Landes ausging. Seitwärts der Dorfstraße sind noch Reste der Klosterkirche erhalten. Bei einer Einkehr im ›Gutshaus Stolpe‹ (Tel. 03 97 21/55 00) oder etwas weiter Peene abwärts im ›Stolper Fährkrug (Dorfstr. 25, Tel. 03 97 21/522 25, sommers tgl. geöffnet), einem 300 Jahre alten Gasthaus mit Terrasse, kann man herrlich entspannen.

Nach weiteren 10 km Richtung Jarmen kommt links **Schloss Neetzow** in Sicht, von Friedrich Hitzig 1848–51 im englischen Tudorstil erbaut und heute ein wunderschönes Hotel (Tel. 03 97 21/56 60). Auch die weitläufige Parkanlage mit seltenen Bäumen ist sehenswert.

25 km südlich von Anklam nahe dem ebenfalls interessanten **Rittergut Janow** mit seinem englischen Schlosspark, am Rand des Landrabentals, findet sich inmitten von Sumpfwiesen die **Veste Landskron**. Die Burgruine mit ihren vier Türmen und zwei Zugbrücken wurde 1579 im Auftrag des Ulrich von Schwerin an der Grenze zwischen Mecklenburg und Pommern errichtet.

Im südwestlich gelegenen **Spantekow** schließlich ließ sich derselbe Ulrich von Schwerin 1567 eine imposante Wasserburg als Stammsitz errichten, das erste Renaissanceschloss ganz Pommerns. Das Sandsteinrelief über dem Festungstor zeigt den Bauherrn nebst Gemahlin.

Maritime Exponate präsentiert das Haffmuseum in Ueckermünde

i Praktische Hinweise

Information

Anklam-Information, Markt 3 (Rathaus), Anklam, Tel. 03971/835154, Fax 03971/835175, www.anklam.de

24 Ueckermünde

Gemütliche vorpommersche Kleinstadt nahe der polnischen Grenze.

Das 1223 erstmals erwähnte Städtchen profitiert von seiner malerischen Lage zwischen Stettiner Haff und Ueckermünder Heide im Hinterland. Ausgezeichnete Möglichkeiten für zahlreiche Freizeitaktivitäten werden hier geboten. Während Wassersportler und Sonnenanbeter im modernen **Jachthafen** oder an der **Sandstrandküste** auf ihre Kosten kommen, ist die stille, naturgeschützte Heidelandschaft von einem fast 400 km langen **Rad- und Wanderwegenetz** durchzo-

Ein Wintermärchen – Eislicht über dem Stettiner Haff am Strand von Ueckermünde

gen. Wer all diese naturgegebenen Vorzüge Vorpommerns genießen und zudem noch seine Ruhe haben will, ist hier richtig, denn Ueckermünde liegt abseits der großen Touristenströme.

Das **Renaissanceschloss**, von dem allerdings nur noch der Südflügel existiert, ist eines der wenigen erhaltenen Baudenkmäler aus dem Besitz der 1637 ausgestorbenen pommerschen Herzogslinie. Hübsch anzusehen ist die hellblaue Fassade mit den weißen Kleeblattbögen der Fenster. Das Sandsteinrelief über dem Portal des Treppenturms zeigt das Konterfei des Bauherrn Philipp I. Neben der Stadtverwaltung hat auch das **Haffmuseum** (Di 9–17, Mi/Do 9–16, Fr 9–15, Sommer auch Sa 13–16, So 10–12 und 13–16 Uhr) im Schloss seinen Sitz. Es zeigt ur- und frühgeschichtliche Fundstücke aus der Region, Stadtgeschichtliches sowie Allerlei aus Handwerk, Fischerei und Schifffahrt sowie regelmäßig Sonderausstellungen. Sehenswert ist auch die **Marienkirche**, die einen schönen Rokoko-Kanzelaltar und eine mit Wolkenhimmel bemalte Holzdecke birgt. Kinder gehen freilich meist lieber in den **Tierpark** (tgl. ab 10 Uhr).

i Praktische Hinweise

Information

Touristik-Information Ueckermünde, FVV Stettiner Haff e. V., Ueckerstr. 96, Ueckermünde, Tel. 03 97 71/284 84, Fax 03 97 71/284 87, www.ueckermuende.de

Hotels

Haffhus, Dorfstr. 35, Ueckermünde, Tel. 03 97 71/53 70, Fax 03 97 71/537 50, www.haffhus.de. Reetgedecktes Hotel mit Restaurant und Café in kleiner Ferienanlage. Konferenzräume, Sandstrand.

Hotel am Markt, Markt 3–4, Ueckermünde, Tel. 03 97 71/800, Fax 03 97 71/804 09, www.hotel-am-markt-ueckermuende.de. Bequem nächtigen in umgebautem Speicher am historischen Markt.

Pommern Mühle, Liepgartener Str. 88a, Ueckermünde, Tel. 03 97 71/20 00, Fax 03 97 71/200 99, www.pommern-muehle.de. Landhaushotel mit Hallenbad.

Pommernyacht, Altes Bollwerk 1b, Ueckermünde, Tel. 03 97 71/21 50, www.pommernyacht.de. Komfortabler Hotelneubau in Schiffsform am Stadthafen. Biergarten, Restaurant ›Roter Butt‹.

Güstrow und die Mecklenburgische Schweiz – grünhügelig und seenreich

Auch Mecklenburg-Vorpommern hat seine ›Schweiz‹ – obwohl sich die sanften Hügel zwischen Seenplatte und Ostseeküste nur wenig mehr als 100 m über das flache Land erheben! Die saftig grüne **Wiesen-** und **Wälderlandschaft** im Dreieck zwischen Güstrow, Reuterstadt Stavenhagen und Demmin ist von der Einfachheit des ländlichen Lebens, aber auch von imposanten **Herrenhäusern** und **Schlössern** geprägt. Badefreuden garantiert der **Kummerower See**, der durch den Dahmer Kanal mit dem Malchiner und durch den Peene-Kanal mit dem Teterower See verbunden ist. Das kulturelle Zentrum dieser Region ist unbestritten Güstrow, eine Kleinstadt von besonderer Ausstrahlung und mit zahlreichen Sehenswürdigkeiten im historischen Kern.

25 Güstrow

TOP TIPP *Ein zauberhaftes Stadtbild und viele Erinnerungen an Ernst Barlach.*

Mit zwei Besonderheiten kann die Stadt (32 000 Einwohner) am Flüsschen Nebel aufwarten: Sie liegt im geographischen Mittelpunkt des Landes und wird seit jeher als ›Klein-Paris des Nordens‹ betitelt.

Insgesamt bildet die Güstrower Altstadt ein wunderbares Ensemble schönster Giebelhäuser aus Renaissance, Barock und Klassizismus. Sehr viele gut erhaltene Haustüren mit reichem Schnitzwerk schmücken die Fassaden. Vornehmlich klassizistisch geprägt ist der **Markt**, den in der Mitte die Schaufassade des **Rathauses** (1798) und dahinter die gotische **Marienkirche** dominieren. Ihre kostbars-

Bunt ist die Reihe der hübschen historischen Giebelhäuser am Marktplatz von Güstrow

Das Güstrower Schloss – bedeutender Renaissancebau im Norden

ten Ausstattungsstücke sind die gewaltige *Triumphkreuzgruppe* (1516) – der neben Maria und Johannes auch Adam und Eva zugesellt sind – und der ungemein figurenreiche *Hochaltar*, ein prachtvolles Schnitzwerk des Flamen Jan Borman mit ebenso prächtigen Tafelbildern eines Brüsseler Meisters an den Flügeln (1522). Hochkarätige Kunst befindet sich auch im **Dom**: Weltberühmt ist ›*Der Schwebende*‹ (Nachguss) von Ernst Barlach im linken Seitenschiff – ergreifendes Ehrenmal für die Kriegsgefallenen mit den Zügen der Käthe Kollwitz. Begeisternd sind auch die lebensgroßen *Apostelfiguren* an den Pfeilern – stark bewegt und mit famosem Mienenspiel (um 1530) – sowie die aufwendigen *Renaissance-Wandgräber* der Güstrower Fürsten, darunter auch der prachtliebende Herzog Ulrich von Mecklenburg-Güstrow († 1603) mit seinen beiden Frauen. Als das Herzogtum Mecklenburg geteilt und Güstrow Residenzstadt (1556–1695) wurde, hatte Ulrich 1558 den Bau eines **Residenzschlosses** in Auftrag gegeben. 70 Jahre später, 1628–30, residierte hier Wallenstein als Herzog von Mecklenburg. Die heutige Dreiflügelanlage, unweit des Doms, mit barockem Torhaus, Barockbrücke und -garten, zählt zu den schönsten Renaissancebauten des Landes. Eck- und Treppentürme, markante Gesimsbänder und die Loggiengänge im Hof setzen die Akzente. Architekten bis 1599 waren Franz Parr und Philipp Brandin. Grandioser Höhepunkt des *Schlossmuseums* (Di–So 9–17 Uhr) ist der Festsaal mit seiner szenisch ausgestalteten, stuckierten Kassettendecke (1620) sowie einem herrlichen Tierfries mit halbplastischen Köpfen und echten Geweihen (1571).

Am nahen Franz-Parr-Platz liegen das **Ernst-Barlach-Theater** (Infos, Karten: Tel. 038 43/68 10 68, www.theater-guestrow.de), der älteste klassizistische Theaterbau des Landes (Georg Adolph Demmler, 1829), und das **Museum der Stadt Güstrow** (Franz-Parr-Platz 10, Di–Fr 10–17, Sa 13–16, So 11–16 Uhr), das an dieser Stelle im Oktober 2003 neu eröffnete. Viele Ausstellungsstücke der einst wohlhabenden Güstrower Bürgerkultur des 19. Jh. sind hier zusammengetragen worden.

Güstrow ist aber vor allem die Stadt von **Ernst Barlach** (1870–1938). 1910 kam der expressionistische Bildhauer, Grafiker und Dichter aus dem hektischen Berlin hierher. Der eigenwillige Künstler wurde dann von den Nazis verfemt, seine Werke für ›entartet‹ erklärt und sein ›Schwebender‹ bereits 1937 für Rüstungszwecke eingeschmolzen. Aber er gab nicht auf, war entschlossen zu trotzen – und starb verbittert. Die **Gertrudenkapelle** (Tel. 038 43/84 40 00, www.ernst-barlach-stiftung.de, Juli/Aug. tgl. 10–17, April/Mai/Juni/Sept./Okt. Di–So 10–17, Nov.–März 11–16 Uhr), umgeben vom alten Friedhof, zeigt seine bekanntesten Holz- und Metallskulpturen, darunter die ›Gefesselte Hexe‹ und ›Der Zweifler‹.

Barlach privates Refugium liegt etwas außerhalb, im **Atelierhaus am Inselsee** (Juli/Aug. tgl. 10–17, April–Juni/Sept./ Okt. Di–So 10–17, Nov.–März 11–16 Uhr), das wie die Kapelle zur Ernst-Barlach-Stiftung gehört. Hier lebte er von 1931 bis zu seinem Tod 1938 mit seiner Lebensgefährtin Marga Böhmer (1887–1969). In Haus und Garten sowie im *Ausstellungsforum-Graphikkabinett* ist der größte Teil seines Nachlasses versammelt, fast 300 Skulpturen, 430 Grafiken, Skizzen, Bücher.

Ein lohnender Programmpunkt mit Kindern ist der **Natur- und Umweltpark** (Tel. 038 43/2 46 80, www.nup-guestrow.de, April–Okt. tgl. 9–19, Nov.–März 9–16

Uhr) an der Verbindungschaussee. Attraktionen sind der Aquatunnel, der ungewohnte Einblicke in ein natürliches Fließgewässer gewährt, der Braunbärenberg und das Wolfsrudelgehege – besonders beliebt sind Nachtwanderungen durch den Eulenwald zu den Wölfen.

Ausflug

Natur pur erlebt man im 20 km südlich gelegenen Schutzgebiet **Krakower See**. Dieser inselreiche Klarwassersee ist wichtiges Rast- und Brutgebiet für Wasservögel, seine Ufer ermöglichen erholsame Spaziergänge.

Praktische Hinweise

Information

Fremdenverkehrsverein Güstrow e.V., Domstr. 9, Güstrow, Tel. 038 43/68 10 23, Fax 038 43/68 20 79, www.guestrow-tourismus.de

Hotels

Gutshotel Groß Bressen, bei Zehna (15 km südl. von Güstrow), Tel. 03 84 58/500, Fax 03 84 58/502 34, www.gutshotel.de. Gemütliches ›Bücherhotel‹. Restaurant.

Kurhaus am Inselsee, Heidberg 1, Güstrow, Tel. 038 43/85 00, Fax 038 43/85 01 00, www.kurhaus-guestrow.de. Ruhiges Vier-Sterne-Plus-Haus am See.

Restaurants

Barlach-Stuben, Plauer Str. 7, Güstrow, Tel. 0 38 43/68 48 81. Alt-Mecklenburger Küche mit internationalen Einflüssen.

Ich weiß ein Haus am See …, Altes Forsthaus 2, Krakow am See, Tel. 03 84 57/232 73, www.hausamsee.de. Wunderschön gelegenes, familienbetriebenes Hotel-Restaurant. In der Küche regiert Raik Zeigner.

Zwiesprache in der Gertrudenkapelle von Güstrow – Barlachs ›Zweifler‹

Internationales Teterower Bergringrennen

Die größte Teterower Attraktion sind die alljährlichen **Grasbahnrennen** auf dem 1877 m langen Bergring im Norden der Stadt. Pfingstsamstag und -sonntag ab 11 Uhr morgens kratzen stundenlang Motorräder und Seitenwagengespanne laut röhrend die haarscharfen Kurven und fliegen über die Sprungschanzen. Die benachbarte Speedwayarena Am Kellerholz macht April–Okt. monatliche eine Veranstaltung möglich. Veranstalter: **MC Bergring Teterow e. V. im ADAC**, Tel. 039 96/17 29 35, www.bergring-teterow.de

26 Teterow

Ein Spektakel für Motorradfans im ›Mecklenburgischen Schilda‹.

Wegen seiner günstigen Lage als geografischer Mittelpunkt des Bundeslandes Mecklenburg-Vorpommern bietet sich das stille Landstädtchen Teterow als angenehme Aufenthaltsstation für Ausflüge in die Mecklenburgische Schweiz an. Der mittelalterliche Stadtkern ist noch gut am kreisförmigen Verlauf der Ringstraße und an den zwei großen Durchfahrten, dem **Malchiner** und dem **Rostocker Tor** – hübsche Backsteinbauten mit Stufengiebeln und Blendendekor – abzulesen. Im Malchiner Tor am Südring 1 ist das **Stadtmuseum** (Di–Fr 10–12 und 13–17, So 14–17 Uhr) untergebracht. Neben Informationen zur allgemeinen Ortshistorie erhält man hier einen Einblick in die Geschichte der **Burgwallinsel** im Teterower See, die Slawen im 9. Jh. bewohnten und auf der man noch heute die Wallaufschüttungen der früheren Burg sieht.

Vor dem Rathaus steht der **Hechtbrunnen**. Das Teterower Wahrzeichen erinnert an den Versuch zwei ›schlauer‹ Teterower Fischer, einen prächtigen Hecht, den sie aussetzten, mit Hilfe einer Glocke um den Fischhals und einer Kerbe im Boot wiederzufinden. Diese Geschichte trug der Stadt den Beinamen ›Schilda des Nordens‹ ein und sie gibt alljährlich eine Woche vor Pfingsten Anlass zur Feier des **Teterower Hechtfestes** mit Bühnenprogramm, Festumzug und Markttreiben.

Die schlichte **Backsteinkirche** (13. Jh.) hinter dem Rathaus ist wegen des reichen Schnitzwerkes (Marienkrönung im Schrein) und der Tafelmalereien (Szenen aus der Passion Christi) ihres gotischen Flügelaltars von etwa 1300 sehenswert.

i Praktische Hinweise

Information

Tourist-Information, Marktplatz 9, Teterow, Tel. 039 96/17 20 28, Fax 039 96/18 77 95, www.teterow.de

Hotel

Gut Dalwitz, Dorstr. 43, Dalwitz (22 km nordwestl. von Teterow), Tel. 03 99 72/ 561 40, Fax 03 99 72/512 63, www.gut dalwitz.de. Schönes Bed & Breakfast mit Reit-, Wildbeobachtungs- und Jagdmöglichkeit. Das Gutsrestaruant ›La Remise‹ erfüllt Feinschmeckeransprüche.

Restaurant

Gasthaus Stadtmühle Teterow, Mühlenstr. 1, Teterow, Tel. 0 39 96/15 23 00, www.stadtmuehle-teterow.de. Zuverlässig gute Küche am Stadtteich – von Hechtsuppe bis Rippenbraten.

27 Burg Schlitz, Ulrichshusen und Basedow

Adelsschlösser und Herrenhäuser.

Die Mecklenburgische Schweiz ist reich an imposanten und kunstgeschichtlich bedeutenden Schlössern und Burgen, deren Zustand von ›beklagenswert ruinös‹ über ›im Wiederaufbau begriffen‹ bis ›hervorragend restauriert‹ reicht. Einige dieser schönen Baudenkmäler können von außen mitsamt den umgebenden Landschaftsparks in einer Tagestour besichtigt werden. Viele der Bauten werden inzwischen als Hotels genutzt. Die Route beginnt bei Teterow.

Klassizistische Burg Schlitz

15 km südlich von Teterow führt eine prachtvolle Lindenallee von der B 108 hinauf zur **Burg Schlitz**. Ein Obelisk markiert den Eingang. Mit ausgebreiteten Armen scheint diese großartige klassizistische **Schlossanlage** – Mecklenburgs bedeutendste – seine Besucher zu empfangen. So jedenfalls wirken die Seitenpavillons, die den repräsentativen Mittelbau mit großer Freitreppe rahmen. Hans Graf von Schlitz, der Bauherr, hatte kräftig Einfluss genommen auf die Errichtung seines Schlosses (1806–23) durch den Berliner Architekten Otto Hirth. Er finanzierte auch eine großflächige ›Landschaftsverschönerung‹ weit über das Schlossgelände hinaus. Wer den Blick von der Schlossterrasse über das Malchiner Becken schweifen lässt, der kann noch heute dieser damaligen Kultivierung nachspüren. Das Anwesen, dessen Gast einst auch J. W. Goethe war, wurde zum

TOP TIPP

Schlosshotel Burg Schlitz (Tel. 039 96/127 00, www.burg-schlitz.de) mit Restaurant im Rittersaal. Zu besichtigen ist der weitläufige **Park** mit seinen Seen, einer **Kapelle** und dem berühmten **Nymphenbrunnen**. Jenes Jugendstilwerk wurde ursprünglich von Walter Schott für das Berliner Kaufhaus Wertheim geschaffen. Ein Sinnenreiz par excellence sind die drei fröhlich Tanzenden!

Beschwingter Reigen – der anmutige Nymphenbrunnen ziert den Park von Burg Schlitz, Mecklenburg-Vorpommerns bedeutendster klassizistischer Schlossanlage, am Malchiner See

An der stattlichen Anlage von Schloss Basedow wurde vom 16. bis 19. Jh. gebaut

Schloss Ulrichshusen

Pittoresk am Seeufer gelegen, wirkt das Renaissanceschloss Ulrichshusen wuchtig und zugleich verspielt. Ulrich von Maltzahn hatte das Schloss 1562 bauen lassen, sein Nachfahr Freiherr Helmuth von Maltzahn betreibt hier mittlerweile ein nobles Schlosshotel (Tel. 03 99 53/79 00, Fax 03 99 53/790 99, www.gut-ulrichshusen.de). Unter seiner Leitung entwickelte sich Ulrichshusen auch zum zentralen Spielort der **Festspiele Mecklenburg-Vorpommern** (www.festspiele-mv.de) Die Festspielscheune wurde 1994 mit einem Konzert von Sir Yehudi Menuhin (1916–1999) feierlich eröffnet.

Basedow – Potpourri der Stile

Die Ortschaft Basedow, die seit 1337 zum Grundbesitz der Familie von Hahn gehörte, ist eines der schönsten und eindrucksvollsten Dorfensembles in Mecklenburg-Vorpommern. Hauptanziehungspunkt ist das imposante **Schloss Basedow** (Führungen bei Gästeführerin Christel Müller, Tel. 03 99 57/ 201 50, www.gaestefuehrerin-mueller.de) mit dem verträumten, von Weiden und Linden umstandenen Teich. An der verschachtelten Dreiflügelanlage wurde vom 16. bis zum 19. Jh. gebaut. Der älteste Teil der Anlage ist der Mittelbau mit Treppenturm (1552), ein zweigeschossiger Flügel wurde im 17. Jh. angefügt und 1895 schließlich noch der aufwendig gestaltete Südflügel im Neorenaissancestil. Nach der Enteignung der Familie von Hahn im Jahr 1945 wurden die historischen Räume als private Wohnungen genutzt, schließlich nach der Wende verkauft und teilsaniert. Der **Park**, in dem auch der *Marstall*, eine *Brauerei* und das *Haus des Sekretarius* stehen, ist dem preußischen Gartenkünstler Peter Joseph Lenné zu danken.

Ältestes Basedower Baudenkmal aus dem 13. Jh. ist die **Kirche**. Der schlanke Turm, der Choranbau und die Fenster wurden 1853 von Friedrich August Stüler angefügt. Zur Innenausstattung gehört eine Herbst-Gercke-Orgel von 1680–83. Sie erklingt bei Konzerten, u. a. am Pfingstsonntag zur Eröffnung des Basedower Orgelsommers.

Gelegenheit zu einem Imbiss bietet der *Alte Schafstall* (April–Okt. tgl. 10–18 Uhr, Tel. 03 99 57/204 54, www.alter-schafstall-basedow.de) auf dem Anwesen.

28 Malchin

Im Zentrum der Mecklenburgischen Schweiz.

Die Schönheiten Malchins wollen entdeckt werden, denn die kleine Stadt, deren Rathaus zwischen 1621 und 1918 im Wechsel mit Sternberg Tagungsort des Mecklenburger Landtags war, wurde bei Kriegsende 1945 fast zu zwei Dritteln zerstört und bietet demnach heute mit farbig sanierten Plattenbauten und mittelalterlicher Architektur ein recht gemischtes Bild.

Zu den gotischen Überbleibseln gehören sowohl die Stadtmauerreste mit dem giebelgeschmückten **Fangelturm** (1550), der jahrhundertelang als Kerker diente, wie auch zwei der ursprünglich vier Stadttore, das **Kalensche Tor** im Norden und das zum Standesamt ausgebaute **Steintor** im Süden. Absolut überraschend in diesem Ambiente und beispielhaft für den früheren Reichtum der Stadt ist die dreischiffige Backsteinbasilika **St. Johannis-Kirche** mit **Marienkapelle**. Das hohe Mittelschiff mit dem hübschen Sterngewölbe und den profilierten, spitzbogigen Arkaden birgt erlesene Kunstschätze, darunter einen qualitätvollen *Schnitzaltar* aus dem 15. Jh. mit der Marienkrönung und 36 Apostel- und Heiligenfiguren unter filigranen Maßwerkbaldachinen. Sehenswert ist auch das Malchiner **Rathaus** (1927) am Markt. Prunkstücke sind die 72 Zunftgemälde im Rathaussaal.

St. Johannis-Kirche in Malchin: der elegant geschwungene Orgelprospekt von 1780

Ausflüge

Sommers empfiehlt sich ein Badeausflug nach **Kummerow**. Hinter dem ruinösen Barockschloss aus dem 18.Jh. erstreckt sich ein Park bis zu m kleinen flachen Sandstrand am Kummerower See. Der Schriftsteller Ehm Welk machte übrigens nicht dieses mecklenburgische, sondern das brandenburgische Kummerow bei Angermünde mit seinen Dorfromanen berühmt.

In **Dargun**, einer Kleinstadt direkt am Klostersee (gute Bade- und Angelmöglichkeiten) nahe Demmin, ist die Ruine einer herzoglichen Renaissanceresidenz zu besichtigen. Keimzelle des Ortes war ein 1172 von Mönchen der dänischen Zisterzienserabtei Esrom gegründetes Tochterkloster. Nach der Zerstörung der Anlage siedelte der Konvent nach Eldena bei Greifswald [Nr. 20] um, 1209 wiederum wurde die Abtei von Kloster Doberan aus [Nr. 10] neu besetzt. Nach der Säkularisie-

33 km² groß und bis zu 25 m tief ist der Kummerower See

rung machten die Herzöge von Mecklenburg-Güstrow die Gebäude zu ihrer Nebenresidenz und ließen sie zu einem *Renaissanceschloss* (Führungen Mi 10 Uhr und auf Anfrage unter Tel. 03 99 59/223 81) umbauen, in dem 1712 sogar die russische Zarin Katharina I. zu Besuch war. Durch Brandstiftung ging das Schloss 1945 schließlich in Flammen auf und verfiel, bis 1992 erste Sicherungsarbeiten begannen.

Von der großzügigen Vierflügelanlage, die im Süden die Klosterkirche mit einschloss, stehen noch die Umfassungsmauern, runde Ecktürme und elegant geschwungene Hofarkaden. Außerdem sind noch das später als Kornspeicher genutzte Brauhaus, der Pferdestall und die barocke Toranlage erhalten. Teile des Schlosses, das der Stadt Dargun gehört, werden für Konzerte und Ausstellungen genutzt.

i Praktische Hinweise

Information

Stadtinformation Malchin, Am Markt 1 (Sakristei der St. Johanniskirche), Tel. 039 94/64 01 11, Fax 039 94/64 01 23, www.malchin.de

Hotel

Landhotel Schorssow, Dorfstr. 1, Schorssow, Tel. 03 99 33/706 45, Fax 03 99 33/703 27, www.landhotel-schorssow.de. Nettes Fachwerkhaus im Landschaftsschutzgebiet mit Restaurant, Hochzeitszimmer.

29 Reuterstadt Stavenhagen

Reuter-Denkmal, Reuter-Museum, Reuterstraße – alles Reuter!

1810, im Geburtsjahr Fritz Reuters, war Stavenhagen eine der kleinsten Landstädte Mecklenburgs. Das rückständige und ackerbürgerliche Fluidum seiner Heimatstadt beschrieb Mecklenburgs Dichterfürst später so: »Ungefähr monatlich einmal zog kotbespritzt ein einsamer Probenreiter (Handlungsreisender) auf buglahmem Gaule in die Tore der Stadt und erkundigte sich im ergötzlichen ausländischen Dialekt bei einem Straßenjungen, etwa bei mir, nach dem einzigen Gasthofe des Städtchens.« Heute hat die Stadt ein größeres Verkehrsaufkommen, die meisten Besucher reisen allerdings an, weil sie etwas über das Leben und die Werke Fritz Reuters erfahren wollen.

Gleich am Marktplatz findet man ihn am **Reuter-Denkmal** (1911) von Wilhelm Wandschneider – sitzend, sinnierend, riesengroß. Im alten Rathaus, im Rücken des Nationaldichters, befindet sich das dem Meister gewidmete **Fritz-Reuter-Literaturmuseum** (Tel. 03 99 54/210 72, www.fritz-reuter-literaturmuseum.de, Mo–Fr 9–17, Do 9–20, Sa/So 10–17 Uhr), das mit einer reich bebilderten Ausstellung über Reuters Biografie, die Geschichte der niederdeutschen Literatur im Allgemeinen und die politischen Ereignisse des 19. Jh. aufwartet. Das frühere Rathaus war

Fritz-Reuter-Literaturmuseum in Reuterstadt Stavenhagen – das Geburtszimmer des Dichters wurde mit zeitgenössischen Möbeln ausstaffiert

Reuter-Denkmal vor dem Rathaus in Stavenhagen

Fritz Reuter

Die wieder auflebende Popularität der **niederdeutschen Sprache** seit den 1830er- Jahren ist ein Verdienst Fritz Reuters (1810–1874). Nach einer konfliktreichen Jugend und beruflich unerfüllten Jahren als Landwirtschaftsgehilfe und Privatlehrer hatte Fritz Reuter im Alter von 43 Jahren mit seinem Erstlingswerk ›Läuschen un Rimels‹ (Erlauschtes und Gereimtes) schlagartig Erfolg. Er verstand es meisterhaft, dem Volk aufs Maul zu schauen, charakteristische Typen, sensibel oder bullerig, zu skizzieren. Viele seiner Werke tragen autobiografische Züge, so ›Olle Kamellen‹, ›Ut mine Stromtid‹ und ›Ut mine Festungstid‹, in dem er die Zeit seiner **Festungshaft**, zu der er als junger Burschenschaftler wegen »demokratischer Umtriebe« verurteilt worden war, verarbeitete. Unvollendet blieb die sozialkritische Darstellung ›Urgeschicht von Mekelnborg‹, mit der er den Beginn der göttlichen Schöpfungsgeschichte in den Raum der mecklenburgischen Seenplatte verlegte.

Reuters großes Thema war die Auseinandersetzung zwischen Adel, Bürgertum und Bauernschaft. Er verstand sich als **Anwalt des Volkes** und verpackte die sozialen Ungerechtigkeiten seiner Zeit in Humor, der nachdenklich stimmen oder betroffen machen konnte. Seine Werke, die in zahlreichen Auflagen und fremdsprachigen Übersetzungen erschienen, machten aus der anfänglich verkrachten Existenz einen wohlhabenden Mann. Als Reuter in Eisenach starb, war er einer der meistgelesenen Schriftsteller Deutschlands. Die Anzahl seiner Denkmäler und der nach ihm benannten Straßen beweisen seine überregionale Popularität. Eines der wenigen plattdeutschen Theaterensembles Deutschlands, das sich der beherzten und deftigen Reuterschen Sprache verschrieben hat, ist die niederdeutsche Fritz-Reuter-Bühne des Mecklenburgischen Staatstheaters Schwerin [s. S. 114].

zugleich Fritz Reuters Geburtshaus, da sein Vater über Jahre das Bürgermeisteramt der Stadt bekleidete.

Bei einem Bummel durch die Innenstadt sieht der Besucher immer wieder kleine Gedenktafeln, die auf Personen oder Begebenheiten verweisen, die Fritz Reuter später in seine Romane einfließen ließ. Im Haus Nr. 2, einem Seitenflügel des Museums, ist dem Maler Ernst Lübbert (1879–1915) eine ständige Ausstellung gewidmet.

Auch das **Schloss Stavenhagen**, das man über die leicht ansteigende Kastanienallee links vom Literaturmuseum erreicht, ist eng mit Reuters Leben verbunden, denn in seiner Kindheit besuchte er hier fast täglich seinen Patenonkel, den Amtshauptmann Johann Joachim Weber. Heute ist hier die Stadtverwaltung untergebracht und im Keller die Ausstellung ›Franzosenzeit in Mecklenburg – 1806–1813‹ mit einer historischen Waffensammlung.

Die **Reutergräber** auf dem Friedhof sind Grabstätten von Verwandten. Fritz Reuter selbst fand seine letzte Ruhestätte in Eisenach, wohin er und seine Frau Luise 1863 gezogen waren.

i Praktische Hinweise

Information

Touristeninformation, Markt 1 (im Fritz-Reuter-Literaturmuseum), Reuterstadt Stavenhagen, Tel. 03 99 54/ 17 98 35, Fax 03 99 54/27 98 34, www.stavenhagen.de

Wer zählt die Jahresringe? 1000-jährig sollen die mächtigen Eichen im Tiergarten von Ivenack sein – ehrwürdigen Alters sind sie bestimmt

Hotel

Schlosshotel Kittendorf, Kittendorf (10 km südl. von Stavenhagen), Tel. 03 99 55/500, Fax 03 99 55/501 40, www.schloss-kittendorf.de. Renoviertes Haus in Tudorgotik, riesiger Landschaftspark, Café in der Orangerie.

Restaurant

Zum Fischer Fritz, Dorfstr. 2, Faulenrost (15 km südwestl. von Stavenhagen), Tel. 03 99 51/21 35, www.welshof-schliemann.de. Fischereibetrieb und Räucherei, mecklenburger Fischgerichte im rustikalen Gastraum. Sonnenterrasse.

30 Ivenack

Eichen, Damwild und der edle Herodot.

Von Stavenhagen aus kann man gemütlich durch Weiden und Felder nach Ivenack (6 km) wandern und gelangt dabei über die Anhöhe der Krähenberge. Von dort oben hat man einen herrlichen Blick auf den idyllischen **Ivenacker See**, an dessen Ufer ein **Barockschlösschen** liegt. Erbaut wurde es ca. 1730–40 auf den Fundamenten eines bereits 1252 gegründeten Zisterzienserinnenklosters. Der H-förmige Grundriss der repräsentativen Anlage spiegelt die Bedeutung des 1709 zur Grafschaft erhobenen Majorats wider. Es lohnt ein Spaziergang durch den schönen **Landschaftsgarten**, in den kleine Parkarchitekturen, ein Teehaus und eine Orangerie, übrigens die älteste erhaltene Barock-Orangerie Mecklenburgs, eingestreut sind. Überhaupt bilden Schloss, Park, Kirche und Arbeiterhäusern ein gut erhaltenes Beispiel eines typisch mecklenburgischen Gutsdorfes.

Der neben dem Schloss befindliche **Marstall** war früher Teil eines Gestüts. Aus diesem berühmten Ivenacker Gestüt ging Anfang des 19. Jh. der Prachthengst *Herodot* hervor. Die Qualitäten des Schimmels blieben auch Napoleon nicht verborgen, jedenfalls soll er das Tier auf seinem Beutezug mit nach Paris genommen haben, von wo es erst auf Veranlassung Marschall Blüchers nach den Befreiungskriegen zurückkehrte. Ein Rundmedaillon am Marstall erinnert an diese Geschichte.

Mittlerweile weit über Mecklenburgs Grenzen hinaus bekannt ist der **Tiergarten** von Ivenack. Zum einen wegen der Damhirsch-Rudel, die sich in den parkartigen Gehegen frei bewegen, vor allem aber wegen seiner sechs 1000-jährigen Eichen (www.ivenacker-eichen.de). Der dickste Baum hat einen Umfang von 11 m. Immerhin zwölf Personen müssen mit ausgestreckten Armen einen Kreis bilden, um diesen Riesen zu umfassen.

Mecklenburgische Seenplatte – Land der stillen Wasser

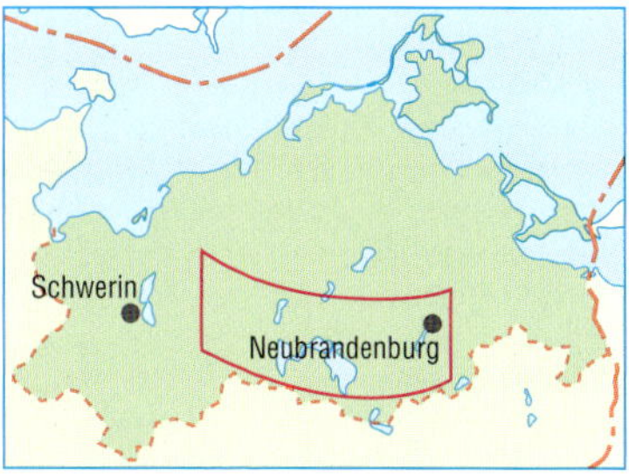

Die weite Seenlandschaft zwischen Neubrandenburg im Osten und Sternberg im Westen – ein ebenso aufregendes wie faszinierendes **Labyrinth** von **Seen**, **Flüssen** und **Kanälen** – ist das größte zusammenhängende Wasserrevier im Herzen Europas. Mit Hunderten großer, mittlerer und kleinster Seen inmitten ausgedehnter Buchen- und Kiefernwälder ist es geradezu eine ideale Ferienregion, ein **Dorado** für **Badelustige** und **Wassersportler**. Herzstück dieser reizvollen, in der Eiszeit ausgehobelten Landschaft ist die Müritz – nach dem Bodensee Deutschlands zweitgrößtes Binnengewässer.

In der einzigartigen Wald- und Wiesenlandschaft drumherum haben sich hochsensible und gefährdete **Tierarten** wie Schwarzstorch und Fischotter gehalten. Auch die **Pflanzenwelt** in den zahlreichen Feuchtgebieten und Mooren bietet mit wilden Orchideen oder leuchtend blühendem Ginster seltene und farbenprächtige Exemplare.

Alle Wege führen ans Wasser – bei Reisen im Gebiet der Mecklenburgischen Seenplatte sollten Bade-Utensilien immer im Gepäck sein

31 Neubrandenburg

TOP TIPP *Stadt der vier Tore mit bezaubernden Wiekhäusern.*

Die 1248 gegründete Stadt erhielt innerhalb eines fast runden Grundrisses ein rechtwinkliges Straßenraster, was noch heute dafür sorgt, dass man sich kaum verlaufen kann. Während des 18. und 19. Jh. lag hier das kulturelle und ökonomische Zentrum des Herzogtums Mecklenburg-Strelitz. Vor dem Krieg galt Neubrandenburg als **Rothenburg des Nordens**. Die fast vollständige Zerstörung wurde zwar durch den weitgehenden Wiederaufbau des historischen Stadtkerns wettgemacht, doch schieben sich neue gesichtslose Viertel ins Zentrum, die das Bild verderben. Mit Trabantenstädten, Hochschulen und viel Industrie ist Neubrandenburg heute Mittelpunkt Ostmecklenburgs und drittgrößte Stadt Mecklenburg-Vorpommerns.

Die Hauptsehenswürdigkeiten Neubrandenburgs sind bei einem Spaziergang entlang der fast vollständig erhaltenen, an manchen Stellen noch 7 m hohen mittelalterlichen Stadtmauer zu entdecken, unweigerlich trifft man dabei auf die vier grandiosen **Toranlagen** aus dem 14./15. Jh. – Friedländer, Neues, Stargarder und Treptower Tor. Die stolzen Zeugen schönster norddeutscher Backsteingotik – eher Zier als Wehr – haben mit Ausnahme des Neuen Tors jeweils ein Innen- und ein Vortor, wobei jedes unterschiedlich mit Giebeln, Terrakottafiguren, filigranem Maßwerk, Türmchen und Blendbogen dekoriert ist. Im Treptower Tor logiert das *Neubrandenburger Regionalmuseum* (tgl. 10–17 Uhr) mit seiner frühgeschichtlichen Abteilung. Zauberhaft wirken die **Wiekhäuser** (ehem. Wehrhäuser), gepflegte Fachwerkerker, die im Abstand von 30 m wie Schwalbennester in der Stadtmauer hängen.

Wie in Stavenhagen [Nr. 29] erinnert auch in Neubrandenburg vieles an Fritz Reuter, der hier 1856 ›Einlieger‹ wurde, wie er es nannte, und sich als freier Schriftsteller einen Namen machte, bevor er 1863 nach Eisenach umzog. Das **Reuter-Wohnhaus** lag in der Stargarder Straße 35. In der **Gaststätte Fürstenkeller** (Tel. 0395/5691991) nebenan verbrachte Reuter viele feuchtfröhliche Stunden. Der **Mudder-Schulten-Brunnen** (1923, Wilhelm Jäger) in den Wallanlagen am nördlichen Ende der Stargarder Straße spielt auf eine Szene aus Reuters Werk ›Dörchläuchting‹ an, das gegen Ende des 18. Jh. spielt: Beide Arme in die Hüften gestemmt, präsentiert die dralle Bäckersfrau Mudder Schul-

Filigranes Maßwerk, rosettengeschmückte Blendbögen und Ziergiebel zeichnen das Treptower Tor in Neubrandenburg aus – ein mittelalterliches Schleusensystem vom Feinsten

Wiekhäuser – die Stadtmauer Neubrandenburgs wurde alle 30–50 m mit Wehrbauten besetzt

ten (www.mudder-schulten.de) ihrem Landesvater Großherzog Adolf Friedrich IV. die Rechnung, da dieser ihr das Geld für jahrelange Brötchenlieferungen schuldet. »Impertinentes Frauensmensch!« soll dieser laut Brunneninschrift verblüfft geantwortet haben, »rep hei un stödd ehr de Reknung ut de Hand«. Auf dem Platz gegenüber thront der Dichter als **Denkmal** (1893, Martin Wolf), verschmitzt auf den Betrachter herablächelnd, Stift und Papier gezückt, als wolle er gleich losschreiben.

Weithin sichtbar ist der markante Turm der gotischen **Marienkirche**, von der nach Kriegszerstörungen 1945 nur noch die Außenmauern standen. Die aber waren beeindruckend, das prächtige Maßwerk am Ostgiebel erinnert beispielsweise an die Westfassade des Straßburger Münsters. Darum wurde das historische Bauwerk umfassend saniert und dient seit 2001 unter der Bezeichnung **Konzertkirche Neubrandenburg** (www.konzertkirche-nb.de) den Neubrandenburger Philharmoniker (Tel. 0395/5699832, www.philharmonie-online.de) als Heimstatt. In der nahen Pfaffenstr. 22 bilden ein barockes Fachwerkhaus und ein moderner Glasanbau das **Schauspielhaus** (Tel. 0395/5699832, www.landestheatermecklenburg.de), in dem das Neubrandenburger Kammertheater seine Stücke aufführt.

In einem der wunderschönen alten Fachwerktraufenhäuser in der Großen Wollweberstraße zeigt die **Kunstsammlung Neubrandenburg** (www.kunstsammlung-neubrandenburg.de, tgl. 10–17 Uhr) städtisches Kunsteigentum und internationale aktuelle Kunst.

Ausflüge

Vom Malliner, Lübkower und Großen Stadtsee umgeben ist das 20 km westlich gelegene Städtchen **Penzlin**. Hier ist in der *Alten Burg* das *Museum für Magie und Hexenverfolgung* (Tel. 03962/210494, Mai–Okt. Di–Fr 9–17, Sa/So 10–17, Nov.–April Di/Mi 10–13, Sa/So 13–16 Uhr) untergebracht. In den Gemäuern waren bis zum Jahr 1697 der Hexerei angeklagte Frauen zu Tode gefoltert wurden. Außer den dazu notwendigen drastischen Utensilien bekommt man im Rahmen einer Führung noch die rußgeschwärzte Burgküche und den Rittersaal zu sehen.

Einen Ausflug lohnt auch die malerisch zwischen Berge gebettete Kleinstadt **Burg Stargard**. Zu ihren Attraktionen gehören neben der Stadtkirche mit einem barocken Kanzelaltar (1770) vor allem die herzogliche *Burg Stargard* (Tel. 039603/22852, Museum und Bergfried: Mai–Sept. Di–So 10–17, Okt.–April Di–Do 10–16, Sa/So 13–16 Uhr) mit ihrer romantischen Steinbrücke, den vielen Toren, dem Marstall (heute Sitz des Burgmu-

seums), einer Alten Münze, dem Amtsschreiberhaus und einem 15 m tiefen düsteren Verlies unterhalb des Bergfrieds. Von den dort erfahrenen Schrecken kann man sich im kleinen Burgcafé erholen.

i Praktische Hinweise

Information

Stadtinfo, Stargarder Str. 17, Neubrandenburg, Tel. 018 05/17 03 30 (0,14 €/Min.), Fax 03 95/566 76 61, www.neubrandenburg-touristinfo.de

Hotels

Bornmühle, Bornmühle 35, Groß-Nemerow (12 km südl. von Neubrandenburg), Tel. 03 96 05/600, Fax 03 96 05/603 99, www.bornmuehle.com. Haus der gehobenen Klasse in wunderschöner Umgebung am Tollensesee. Hallenbad.

Gasthaus-Hotel Badehaus, Parkstr. 3–4, Neubrandenburg, Tel. 03 95/5 71 92 40, Fax 03 95/57 19 24 22, www.badehaus-am-see.de. Kleines Haus mit Biergarten, direkt am Tollensesee.

Restaurants

Gaststätte Wiekhaus 45, 4. Ringstraße/Ecke Pfaffenstraße, Neubrandenburg, Tel. 03 95/566 77 62. Romantische Fachwerkhäuschen in der Stadtmauer.

Kornhus, Jahnstr. 3a (Vierradmühle), Neubrandenburg, Tel. 03 95/555 31 01. Gemütliches Ambiente in Holzofenbäckerei, mit tollem Frühstück und Imbissen.

32 Feldberg

Ruhepunkt inmitten der stillen Feldberger Seenlandschaft.

Feldberg ist eine ruhige Provinzstadt, die sich malerisch an das Südwestufer des Hausses schmiegt. Den schönsten Blick über das **Panorama** hat man vom 145 m hohen Reiherberg oder dem benachbarten Hüttenberg, die beide von der Stadt aus erwandert werden können (2,5 km). So sind es eher die landschaftlichen Reize als die Sehenswürdigkeiten, die Touristen hierher ziehen.

Bewaldete Inselgrüppchen setzen Farbtupfer in das Blau des Haussees

Vielfach vermuteten Ur- und Frühgeschichtlern auf dem Schlossberg am Ufer des Beiten Luzin den Ort *Rethra*, die geheimnisvollen Kultstätte der Redarier. Gesichert aber ist, dass hier im 7.–9. Jh. eine Höhenburg dieses Slawenstammes stand, in der bis zu 1200 Menschen lebten. Die Ausstellung in der winzigen **Heimatstube** (Mai–Okt. Mo/Mi/Fr 14–16, Sa/So/Fei 10–12 und 14–16 Uhr) im ehem. Spritzenhaus am Amtsplatz veranschaulicht diesen Teil der Stadtgeschichte.

Von der spätklassizistischen Stadtkirche, die erhaben auf einer kleinen Anhöhe im Ortskern liegt, kann man zum **Wiesenpark** an der Kastanienallee wandern. Hier führt ein gut 1 km langer Lehrpfad auf einem Holzsteg durch von mannshohen Gräsern bestandene Wiesen. Genauso reizvoll ist die Tour über den Ortsteil Neuhof nach 3 km in die **Heiligen Hallen**, einem Naturschutzgebiet mit uraltem, teils 350-jährigem Rotbuchenbestand.

Naturpark Feldberger Seenlandschaft

Der Naturpark Feldberger Seenlandschaft bildet den östlichen Teil der Mecklenburgischen Seenplatte. Das rund 34 500 ha große Gebiet war in der letzten Eiszeit geprägt worden und weist in Flora und Fauna einen überwältigenden Artenreichtum auf. Innerhalb des Naturparks sind 15 kleinere Naturschutzgebiete ausgewiesen, zumeist sumpfige Kesselmoore, Wälder und unglaublich klare Seen, von denen der **Breite** und der **Schmale Luzin**, der **Haussee**, der **Zansen** und der **Carwitzer See** die bekanntesten sind. Ungestört konnte sich hier eine artenreiche Flora und Fauna entfalten. Besonders stolz ist man auf den Bestand an **Fischottern**, einer seltenen und äußerst scheuen Marderart, die nur an absolut sauberen Gewässern lebt. Geführte Wanderungen bietet die **Naturparkverwaltung Feldberger Seenlandschaft** (Tel. 03 98 31/527 80, www.naturpark-feldberger-seenlandschaft.de) an.

i Praktische Hinweise

Information

Tourismusinforamtion, Kurverwaltung im Haus des Gastes, Strelitzer Str. 42, Feldberg, Tel. 03 98 31/27 00, Fax 03 98 31/270 27, www.feldberg.de

Hotel

Altes Zollhaus, Am Erddamm 6, Feldberg, Tel. 03 98 31/500, Fax 03 98 31/502 69, www.romantik-am-see.de. Netter Familienbetrieb mit Biergarten und Kinderspielplatz unmittelbar am Breiten Luzin gelegen.

33 Carwitz

Das Dorf des Schriftstellers Hans Fallada.

TOP TIPP

Carwitz ist von Wasser umgeben – im Süden vom Dreetz, im Osten vom Carwitzer See, im Nordosten vom Zansen und im Westen vom **Schmalen Luzin**. Vor dem aus Richtung Feldberg Kommenden breitet er sich am Ortsein-

Das Arbeitszimmer von Hans Fallada in Carwitz

gang unterhalb der Landstraße in atemberaubendem Türkis glitzernd aus.

Wenige Meter weiter liegt der Dorffriedhof, auf dem der Schriftsteller *Hans Fallada* alias Rudolf Ditzen (1893–1947) sowie seine erste Ehefrau Anna Margarete und Töchterchen Lore beerdigt sind. Touristen besuchen meistens das **Hans-Fallada-Haus** (Zum Bohnenwerder 2, Tel. 03 98 31/203 59, www.fallada.de, April–Okt. Di–So 10–17, Nov.–März Di–So 14–16 Uhr), einst Wohnsitz der Familie, ganz am Ende des Dorfes. Als Fallada 1932 mit seinem Arbeitslosenroman ›Kleiner Mann – was nun?‹ schlagartig weltberühmt wurde, kaufte er das stille Haus direkt am Ufer des Carwitzer Sees und produzierte hier im Verlauf von zwölf Jahren weitere Erfolgstitel wie ›Wer einmal aus dem Blechnapf frisst‹ und ›Wolf unter Wölfen‹. Humoristisch und mitreißend erzählt er in ›Heute bei uns zu Haus‹ vom Landleben in Carwitz. Das Haus ist mittlerweile Museum und Begegnungsstätte. Falladas Arbeitszimmer mit der klapprigen alten Schreibmaschine blieb über die Jahre fast unangetastet.

Neben Fallada-Erinnerungen hat Carwitz auch eine reizende kleine **Fachwerk-Dorfkirche** (1706). In ihrem barocken Kanzelaltar sind ein älterer Kanzelkorb sowie hübsche Schnitzfiguren und Flügel eines spätgotischen Altars integriert.

Im Dorf zweigt ein Asphaltweg nach Norden in das bewaldete **Naturschutzgebiet Hullerbusch** ab. Hier fährt gegenüber vom Hotel gleichen Namens (s. u.) im Sommer eine handbetriebene Personenfähre über den Schmalen Luzin nach Feldberg.

i Praktische Hinweise

Hotel

Hullerbusch, NSG Hullerbusch, Carwitz, Tel. 03 98 31/202 43, Fax 03 98 31/208 66, www.hotel-hullerbusch.de. Kleines Herrenhaus mit Park, einsam und schön gelegen zwischen Schmalem Luzin und Zansen. Bodenständige Küche.

34 Neustrelitz

Die alte Barockresidenz der Herzöge von Mecklenburg-Strelitz.

Neustrelitz verdankt seine Entstehung und charmante Ausstrahlung Herzog Adolf Friedrich III. von Mecklenburg-Stre-

Neustrelitz neu gestalteter Marktplatz mit der ›Butterfass‹ genannten Kirche als Blickfang

litz, der 1733 seine Residenz von Altstrelitz hierher verlegen ließ. Bis 1918 blieb das Städtchen Residenz des Herzogtums. Durch den Hof siedelten sich Kaufleute, reiche Bürger und höheres Militär an, wovon noch heute die hübschen klassizistischen Häuser der Altstadt zeugen. In der ab 1733 planmäßig vom herzoglichen Baumeister Julius Löwe angelegten Stadt gehen acht Straßen sternförmig vom quadratischen **Markt** aus. Die **Stadtkirche** (1778) wird von den Neustrelitzern wegen ihres stämmigen Glockenturms ›Bodderfatt‹ (Butterfass) genannt. Friedrich Wilhelm Buttel fügte ihn 1831 der Kirche an. Der Aufstieg auf die Turmplattform ist keine Kleinigkeit, man wird aber mit einem herrlichen Blick über die Stadt und den Zierker See belohnt. Buttel schuf auch das gegenüberliegende **Rathaus** (1841) mit seinen mächtigen Rundbögen.

Anhand von Porzellan, Kunsthandwerk, Gemälden und Plastiken zeigt die Ausstellung im **Stadtmuseum** (Schlossstr. 3, Mai–Sept. Di–Fr 10–17, Sa/So 13–17, Okt.–April Di–Fr 10–16, So 13–16 Uhr), dass der Hof berühmten Künstlern wie Christian Daniel Rauch, Peter Joseph Lenné und Bertel Thorvaldsen Aufträge verschaffte – gefördert durch die engen Beziehungen zu Preußen, denn Königin Luise von Preußen war die Tochter des Herzogs Carl von Mecklenburg-Strelitz.

Die von Julius Löwe erbaute Schlossresidenz brannte 1945 aus und wurde abgetragen. Sie wurde 2001 als ›Luftschloss‹ aus einer wetterfesten Gaze auf Stahlträgern wieder aufgebaut und dient nun alljährlich als Open-Air-Kulisse für Operettenaufführungen der Schlossgartenfestspiele (Tel. 039 81/239 30, www.schlossgartenfestspiele.de). Der **Schlossgarten** lohnt einen ausgedehnten Rundgang. Hauptattraktionen sind die Gedächtnishalle für Königin Luise, die Sandsteinplastiken der *Götterallee* und der klassizistische *Hebe-Tempel* (1840) mit der anmutigen Marmorskulptur (Kopie!) von Antonio Canova. Vom Schlossgarten sind es nur wenige Schritte bis zum Zierker See, um den ein Rundwanderweg führt. Die elegante *Orangerie* (1755, Umbau 1842 u. a. durch Karl Friedrich Schinkel) wartet mit in den mecklenburgischen Landesfarben Rot, Blau und Gelb gehaltenen Sälen auf, überwölbt von Deckengemälden im pompejanischen Stil und ausstaffiert mit Schinkelschen Leuchtern.

In der von bleistiftspitzen Türmen gerahmten neugotischen **Schlosskirche**

Von den fürstlichen Bauten in Neustrelitz blieb u. a. die neugotische Schlosskirche erhalten

(1859) zeigt nun die **Plastikgalerie** (Mai–Okt. tgl. 11–18 Uhr) in drei Ausstellungen pro Saison Skulpturen und Plastiken aus Privatsammlungen und Museen.

Göttin der Jugend und Mundschenkin der Götter – Tempel der Hebe im Schlossgarten ▷

Volle Kraft voraus – Blick von der Mirower Schleusenbrücke, dem ›Tor zur Müritz‹, nach Süden

Reizvoll ist auch der südlich anschließende **Tiergarten** mit dem Hirschportal (Haupteingang Am Tiergarten 14). Ein breit gefächertes kulturelles Angebot bietet das **Landestheater Neustrelitz** (Tel. 039 81/20 64 00, www.landestheater-mecklenburg.de).

Ausflug

Mit dem Bau des 10 km nördlich gelegenen und später oft erweiterten **Schloss Hohenzieritz** (Tel. 03 98 24/200 20, März–Okt. Di–Fr 10–11 und 14–15, Sa/So 12–17 Uhr) wurde 1747 begonnen. Hier starb die beliebte Preußenkönigin Luise (1776–1810). Im Schloss mit dem großen Park, dem Luisentempel und der Schlosskirche (1806) kann man auf den Spuren ihrer Vorfahren wandeln, die hier die Sommerfrische verbrachten, und auch das Sterbezimmer der Königin besichtigen.

i Praktische Hinweise

Information

Touristinformation, Strelitzer Str. 1, Neustrelitz, Tel. 039 81/25 31 19, Fax 039 81/239 68 70, www.neustrelitz.de

Hotels

Romantik Hotel Borchard's Rookhus, Am großen Labussee 12, Wesenberg, Tel. 03 98 32/500, Fax 03 98 32/501 00, www.rookhus.de. Luxuriöse Viersterne-Romantik mit britischem Flair, einsame Lage am See. Restaurant im Haus.

Schlossgarten, Tiergartenstr. 15, Neustrelitz, Tel. 039 81/245 00, Fax 039 81/24 50 50, www.hotel-schlossgarten.de. Einst Wohnstätte des Mecklenburg-Strelitzer Hofadels, heute komfortables Hotel mit Restaurant undGartenterrasse.

35 Mirow

Das Tor zur Kleinmecklenburgischen Seenplatte verbindet die brandenburgische Seenlandschaft mit der Müritz.

Die auf eine Niederlassung des Johanniterordens (1227) zurückgehende Kleinstadt profitiert heute von ihrer Lage am Müritz-Havel-Kanal. Die **Mirower Schleuse** ist die viel befahrene Schaltstelle zwischen den zahllosen Gewässern der Kleinmecklenburgischen Seenplatte, die sich ins Brandenburgische erstreckt, und der Mecklenburgischen Seenplatte mit der Müritz im Norden, über die eine Verbindung zur Ostsee besteht.

Stimmungsvoll ist es auf der **Schlossinsel**, eine Steinbrücke mit altem Torhaus schafft Verbindung mit der Altstadt. Herzog Karl von Mecklenburg-Strelitz ließ sich 1587 in der verlassenen Ordens-Komturei nieder. Mirow war damit Residenz und blieb es bis zur offiziellen Verlegung der Hofhaltung nach Neustrelitz um 1730. Damals entstanden das heutige **Barockschloss** mit dem gegenüberliegenden Kavalier- und Küchengebäude, eine beeindruckende Anlage von sehr stimmungsvoller Atmosphäre. Die ehem. **Johanniterkirche** wurde 1704 um eine Grablege ergänzt, in der vom 18. bis zum 19. Jh. alle Mitglieder des Strelitzer Herrscherhauses beigesetzt wurden. Der letzte regierende Großherzog, Adolf Friedrich VI., der sich 1918 angeblich wegen einer unglücklichen Liebe das Leben nahm, wurde abseits, auf der romantischen kleinen Liebesinsel bestattet. Sein Grabmal trägt eine gebrochene Säule.

i Praktische Hinweise

Information

Tourist-Information, Torhaus, Mirow, Tel./Fax 03 98 33/280 22, www.mirow.m-vp.de

36 Röbel

Beliebtes Wassersportparadies in einer Müritzbucht.

Ihre ungemein bezaubernde Lage am Westufer der Müritz ist sicher Ursache dafür, dass die Stadt Röbel während der letzten Jahre einen vehementen touristischen Aufschwung erlebt hat. Bei einem Blick von der neu gestalteten Uferpromenade auf die voll besetzten Passagierschiffe, die zu einem Ausflug über die **Müritz** starten, die weißen Segelboote und bunten Tret- oder Paddelbötchen kommt Urlaubsstimmung auf.

Noch heute, z. B. bei einem Spaziergang entlang der Straße des Friedens, merkt man, dass die Stadt einmal aus zwei Keimzellen bestand. Denn im Zuge der deutschen Ostsiedelung wurde eine neue Siedlung neben dem slawischen Röbel angelegt. 1217 wurde dieses Neu-Röbel »angelegt und fundiert«, wie das Kirchenbuch von St. Nikolai zu berichten weiß. Auf Höhe der Straße ›Achter dei Muer‹ verlief im Mittelalter eine Stadtmauer, die die jüngere Siedlung umschloss und darüber hinaus noch die Grenze zweier Bistümer bildete. **Alt-Röbel** mit der frühgotischen Marienkirche unten am Wasser war dem Bistum Schwerin, das planmäßig angelegte **Neu-Röbel** mit der gotischen Nikolaikirche am Marktplatz dem Bistum Havelberg zugehörig.

Eine Augenweide ist der Innenraum der **Marienkirche** mit dem zart bemalten Kreuzrippengewölbe im Chorraum und dem Sterngewölbe im Langhaus. Hübsch sind die neugotischen Schnitzarbeiten der Kanzel und des Gestühls, kostbar hingegen der Schnitzaltar vom Anfang des 16. Jh. mit der Mondsichelmadonna im Mittelfeld, umgeben von Heiligen, und

Im Müritz-Hafen von Röbel geht es mitunter auch hektischer zu

Wasserparadies Müritz – Blick vom Röbeler Marienkirchturm nach Westen

Tafelbildern zu Heiligenlegenden auf der Rückseite. Großartig ist der Blick vom 58 m hohen **Turm der Marienkirche** über Fachwerkhäuser, weites Land und die Müritz. Am schräg gegenüber liegenden Fachwerkhaus (Straße der Einheit 47) erzählt die **Wandmalerei** von Werner Schinko die Geschichte von Karl Lehmann, eines weithin bekannten einarmigen Röbelers, der früher als Ausrufer mit Glocke durch die Stadt ging.

TOP TIPP

In der Neustadt lohnt der neugotisch restaurierte Innenraum der **Nikolaikirche** eine Besichtigung. Davor steht die dicke **Friedenseiche**, die 1816 im Gedenken an die in den Napoleonischen Freiheitskriegen Gefallenen gepflanzt wurde. Vor dem klassizistischen Rathaus, gleich um die Ecke, gibt es dienstags, donnerstags und samstags, jeweils am Vormittag, **Wochenmarkttrubel**. Bei gutem Wetter kann man durch den wunderbaren Bürgergarten oder zum kleinen Amphitheater hinter dem Haus des Gastes spazieren und bei schlechtem Wetter ist die Müritz-Therme (Am Gotthuns-Kamp, tgl. 9–21, Fr/Sa bis 22 Uhr) mit Sauna und Wasserrutsche eine echte Alternative.

Ausflug

In **Klink**, auf der Landzunge zwischen Müritz und Kölpinsee, versetzt der Anblick des im 19. Jh. errichteten Schlosses derer von Schnitzler den Betrachter in das Loire-Tal. In dem heutigen Schlosshotel wurde die ZDF-Serie ›Unser Charly‹ gedreht. Bei schönem Wetter stets gut besucht ist die große Restaurant-Terrasse zur Müritz hinaus (Tel. 039 91/74 70).

i Praktische Hinweise

Information

Tourist-Information Röbel, Haus des Gastes, Straße der Deutschen Einheit 7, Röbel, Tel. 03 99 31/506 51, Fax 03 99 31/535 91, www.roebel.m-vp.de

Wassersport

Wasser-Service-Center, Seebadstr. 37, Röbel, Tel. 03 99 31/511 23. Segel- und Motorbootcharter, Wassersportschule, Anglerscheine samt Zubehör für Petrijünger.

Städtisches Strandbad, Seebadstraße, Röbel, Tel. 03 99 31/591 24, mit Sandstrand und Liegewiese.

Restaurants

Müritzterrasse, Straße der Einheit 27, Röbel, Tel. 03 99 31/89 10. Hotel-Restaurant der Mittelklasse, reizvolle Terrasse zur Müritz.

Seglerheim, Müritzpromenade 11, Röbel, Tel. 03 99 31/591 81, Fax 03 99 31/592 06. In die Müritzbucht hinausgebautes Hotel-Restaurant, gutbürgerlich, mit guter Fischküche.

37 Waren

Herz der mecklenburgischen Seenlandschaft und Haupteingang in den Müritz-Nationalpark.

Majestätisch steigen die Straßenzeilen von Waren (21 500 Einw.) in sanften Terrassen über dem Nordufer der **Müritz** auf. Der Name dieses durchschnittliche 6 m tiefen und neben dem Bodensee größten deutschen Binnensees mit einer Fläche von 116,8 km^2 leitet sich vom slawischen *Morcze* (kleines Meer) ab.

Top Tipp

Wie viele andere Städte der Umgebung erhielt auch Waren um 1260 Schweriner Stadtrecht und gedieh in der Folgezeit aufgrund seines Fischreichtums sowie der günstigen Verkehrsverbindungen durch die zeitweilige Elde-Kanalisierung und den Eisenbahnbau zum wirtschaftlichen Umschlagplatz in Mecklenburg. Im 19. Jh. entdeckten die Sommerfrischler die klimatischen Vorzüge der Warener Mischung aus frischer Seebrise und dem Tannenduft des Hinterlandes – einer von ihnen war der Schriftsteller Theodor Fontane. Seit der Wende hat sich die Stadt zum touristischen Mittelpunkt der gesamten Mecklenburgischen Seenplatte gemausert. Und zur **Müritz Sail** reisen jedes Jahr Tausende begeisterte Anhänger an.

Der letzte schlimme Stadtbrand wütete in Waren im Jahr 1699 und fegte bis auf die beiden Kirchen St. Marien und St. Georg sowie wenige Häuser rund um den **Alten Markt** alles hinweg. Nach der Brandkatastrophe entstanden viele barocke **Fachwerkhäuser**, die das Bild der Kleinstadt noch heute prägen. Eines der schönsten ist die *Löwen-Apotheke* am **Neuen Markt**, dem Zentrum der Stadt. Gegenüber erhebt sich das *Neue Rathaus*, in dem das stadtgeschichtliche Museum (April–Sept. Mo–Fr 10–18, Sa/So 14–17 Uhr) seinen Sitz hat.

Von hier aus kann man die **Lange Straße**, Warens Einkaufsboulevard, zum See hinunterschlendern und gelangt so zur sehr empfehlenswerten Naturausstellung im **Müritzeum** (Zur Steinmole 1, Tel. 039 91/63 36 80, www.mueritzeum.de, April–Okt. tgl. 10–19, sonst bis 18 Uhr). In dem auch architektonisch ansprechenden Neubau sind die Bereiche Vogelwelt, Waldraum, Moore, Nachttiere und Wasserwelt anschaulich aufbereitet. Es beeindruckt z. B. das über zwei Etagen reichende Großaquarium (100 000 l) für einen Maränenschwarm. Kindern macht erfahrungsgemäß das Vogelstimmenraten viel Spaß, ebenso die Abteilung ›Wassertourismus‹, in der man Modellboote per Fernsteuerung über ein Modell der Müritz bugsieren kann.

Gegenüber befindet sich die **Steinmole**, an der täglich 8–16 Uhr frischer Fisch verkauft wird. Hier starten auch die Ausflugsschiffe über die Müritz und die angrenzenden Gewässer. Die mächtigen **Getreidespeicher** unten am **Stadthafen** stammen noch aus dem 19. Jh., als Waren

Von der einstigen Bedeutung als Umschlagplatz künden die alten Speicher am Warener Hafen

Kraniche – häufige Besucher im Nationalpark

Müritz-Nationalpark

Bei einem Aufenthalt in Waren sollte man sich eine Fahrradtour oder eine Wanderung in den Müritz-Nationalpark nicht entgehen lassen (bestimmte Wege sind auch mit Nationalpark-Bussen passierbar). Dieser großartige Naturraum (318 km²) mit weiten Wäldern, Wiesen, vielen Mooren und noch mehr Seen vereint die Lebensräume vieler gefährdeter Tiere und Pflanzen. Hier kreisen majestätische Seeadler, Fischadler und Kraniche, flattern bunte Schmetterlings- und Libellenarten, blühen bizarre Farne und zauberhafte Orchideen.

Als Ausflugsziele bieten sich der Ort **Speck** an, wo ein Nationalparkzentrum über Führungen, Wander- und Radrouten informiert, oder weiter westlich, in der Wacholderheide am Spukloch, der **Müritzhof**, auf dem Behinderte unter Betreuung des Lebenshilfewerks 300 der seltenen Fjällrinder versorgen.

Auskunft: Nationalparkamt, Schlossplatz 3, Hohenzieritz, Tel. 0 39 8 24/25 20, www.nationalpark-mueritz.de

ein bedeutender Umschlagplatz für den Holz- und Kohlehandel war. Sie wurden mittlerweile zu Ferienapartments mit Restaurants und Boutiquen umgebaut.

Ausflug

Das 20 km entfernte **Ankershagen** ist – neben seinem Geburtsort Neubukow [s. S. 30] – der eigentliche Heimatort von Heinrich Schliemann (1822–1890). Im Elternhaus des großen Archäologen zeichnet das *Schliemann-Museum* (www.schliemann-museum.de, April–Okt. Di–So 10–17 Uhr) seine Lebensstationen nach und zeigt Kopien aus dem Schatz des Priamos. In der Kirche gegenüber predigte Vater Schliemann als Pfarrer und auf dem Friedhof befindet sich das Grab der früh verstorbenen Mutter.

Praktische Hinweise

Information

Waren (Müritz) Kur- und Tourismus GmbH, Neuer Markt 21, Waren, Tel. 039 91/66 61 83, Fax 039 91/66 43 30, www.waren-tourismus.de

Schiff

Warener Schifffahrtsgesellschaft, Tel. 039 91/12 56 24, und

Müritzwind Personenschifffahrt, Tel. 0 39 91/66 66 64, beide Strandstraße, Waren. Bootsausflüge über die Müritz u. a.

In Erwartung der Gäste – Schlosshotel Groß Plasten

Filigrane Backsteinzier – Malchows neugotische Klosterkirche am Malchower See

Wassersport

Müritz Marina GmbH, Am Seeufer 73, Waren, Tel./Fax 0 39 91/66 65 13, www.mueritz-marina.de. Wohnpark und Bootscenter in der Bucht von Sietow mit Ruder- und Motorbootverleih.

Zeltplatz Kamerun, Zur Stillen Bucht 3, Waren, Tel. 039 91/12 24 06, www.campingtour-mv.de/waren. Schöner Platz an der Müritz und am Müritz-Radweg. Verleih von Surfbrettern, Kanus, Katamaranen. Surfschule in der Nachbarschaft.

Hotels

Hotel am Yachthafen, Strandstr. 2, Waren, Tel. 039 91/672 50, Fax 039 91/67 25 25, www.am-yachthafen.de. Hotel garni in historischem Speicher, sowohl am Marktplatz als auch am Müritzufer gelegen, mit Blick auf den Jachthafen.

Ingeborg, Rosenthalstr. 5, Waren, Tel. 039 91/613 00, Fax 039 91/61 30 30, hotel-ingeborg.de. Liebevoll möbliertes Hotel garni der Mittelklasse in Hafennähe, Fahrradverleih.

Schlosshotel Groß Plasten, Dorfstr. 43, Groß Plasten (13 km östl. von Waren), Tel. 03 99 34/80 20, Fax 03 99 34/802 99, www.schlosshotel-grossplasten.de. Am See gelegenes Hotel. Restaurant, Schwimmbad, Sauna, Massage, Fahrrad- und Bootsverleih.

Restaurants

Blaue Perle, Steinmole 1 (im Müritzeum), Waren, Tel. 039 91/67 44 22, www.blaue-perle-waren.de. Restaurant mit Anspruch. Schöne Sommerterrasse.

Pizzeria Etna, Mühlenstr. 2, Tel. 039 91/66 47 66. Wer Lust auf bodenständige Pizza oder Pasta hat, ist in dem unaufgeregten Restaurant genau richtig.

Restaurant im Hotel kleines Meer, Alter Markt 7, Waren, Tel. 039 91/64 80, www.kleinesmeer.de. Hier kocht Andreas Mahr hochgelobte Gourmetqualität.

38 Malchow

Inselstadt mit malerisch gelegener Klosterkirche.

Die im 19. Jh. als ›Mecklenburgisches Manchester‹ bekannte Tuchmacher- und Färberstadt hat sich wegen ihrer besonderen landschaftlichen Lage zwischen Fleesen-, Malchower und Plauer See mittlerweile als Urlaubsdomizil einen Namen gemacht. Der historische Altstadtkern liegt auf einer **Insel**, die nach Osten über einen 1846 aufgeschütteten Damm mit der Klosterkirche und nach Westen über eine Drehbrücke mit dem Ort auf dem Festland verbunden ist. Den **Markt** der Altstadt umsteht die ›kommu-

Sind auf Besucher eingestellt – Wisente im Damerower Werder

nale Dreieinigkeit‹, bestehend aus dem *Fachwerk-Rathaus* (18. Jh.) mit Stadtwappen, dem backsteinernen *Amtsgericht* mit Figur der Justitia und dem *Standesamt* mit dem niederdeutschen Spruch auf der Fassade: ›Hochtitdag, du lustig büst, de annern Dag, du Sorgen mööst.‹

Das 1298 gegründete **Büßerinnenkloster** auf der anderen Seite des Malchower Sees war einst ein selbstständiger Stadtteil. Doch die mittelalterliche Klosteranlage wurde im 18. Jh. durch ein Damenstift für Adelige und im 19. Jh. durch die neugotische *Klosterkirche* (Friedrich Wilhelm Buttel, 1849) ersetzt, die so wunderbar grazil über dem Wasser aufragt. Eine Rarität in Norddeutschland sind in der Klosterkirche die aus Innsbruck stammenden farbigen *Apostelfenster* im Chorraum sowie das *Orgelmuseum* (www.orgelmuseum-malchow.de, April–Okt. tgl. 10–17, Okt. 10–16, Nov.–März Di–Fr 10–15, Sa/So 11–15 Uhr).

Ausflüge

7 km sind es bis **Alt Schwerin**. Dort gibt das *Agrarhistorische Museum* (Mai–Sept. tgl. 10–18, April/Okt. Di–So 10–18 Uhr) einen Überblick über das harte Leben und Arbeiten in der mecklenburgischen Landwirtschaft. Die Realität kann man anschließend in mehreren, über das ganze Dorf verteilten Außenobjekten wie einer Tagelöhnerkate oder einer typischen genossenschafts-bäuerlichen Wohnung in Augenschein nehmen.

In der Nähe von Jabel liegt das **Naturschutzgebiet Damerower Werder** (tgl.

Fachwerk in Malchow – das Rathaus stammt aus dem 18. Jh.

9–18 Uhr, Fütterung Mo–Sa 10 und 15 Uhr) auf einer Halbinsel im Kölpinsee, in dem naturnah gezüchtete Wisente beobachtet werden können.

Praktische Hinweise

Information

Tourismusinformation, An der Drehbrücke (am neuen Stadthafen), Malchow, Tel. 03 99 32/831 86, Fax 03 99 32/831 25, www.tourismus-malchow.de

Hotel

Gutshof Sparow, Sparow, Tel. 03 99 27/ 76 20, Fax 03 99 27/762 99. 6 km nördl. von Malchow gelegenes 4-Sterne-Haus mit Apartments, mitten im Naturpark.

Restaurant

TOP TIPP **Rosendomizil**, Lange Str. 2–6, Malchow), Tel. 03 99 32/80 65, www.rosendomizil.de. Ästethisches Restaurant-Café am Malchower See. Das Essen ist vorzüglich, ein Extra-Genuss ist die stimmungsvolle Sonnenterrasse. Entsprechende Hotelzimmer im Haus.

39 Plau

Romantische Fachwerkidylle am drittgrößten See Mecklenburgs.

Mit seinen flachen Uferzonen ist der TOP TIPP wald- und schilfgesäumte, durchschnittlich 8 m tiefe **Plauer See** ein Dorado für Wassersportler. Eine gute Badestelle gibt es direkt an der Uferwiese in der Hermann-Niemann-Straße. Die Elde durchfließt den See auf ihrem Weg nach Schwerin und verlässt ihn wieder an der Stelle, wo 1225 die Stadt Plau

Vom Kormoran

Kaum eine Woche vergeht, in der die mecklenburg-vorpommersche Presse nicht über den Kormoran berichtet – meist geht es um den Streit zwischen Fischern und Ornithologen, die im Umwelt- und Naturschutz engagiert sind. Während die einen wütend auf den gewandten Taucher sind, der massenweise die Küstenkutter begleitet, dabei die Fische verstümmelt, Netze beschädigt und besonders gern Aale und Karpfen aus Reusen und Fischteichen stibitzt, fühlen sich die anderen zu Schutz und Arterhaltung berufen. Tatsächlich wird der Kormoran seit jeher als **Fischereischädling** verfolgt, er wechselt daher häufig seinen Aufenthaltsort. Nachdem er zu Anfang des 20. Jh. fast ausgerottet war, nimmt die **Population** in Mecklenburg-Vorpommern seit den 1980er-Jahren wieder zu. 1993 wurden 7300 Paare in 15 Brutkolonien gezählt, von denen die größte Europas in Niederhof bei Stralsund liegt. Traditionelle **Rastplätze** sind die Wismarbucht, der westrügensche und der Greifswalder Bodden sowie der Schweriner und der Plauer See.

Zünftig geht es im Juli auf der Elde zu – Badewannenrallye in Plau

gegründet wurde. Damals nannte sich der Ort noch *Plawe*, vom slawischen Wort für Flößort. Angesichts der umliegenden Eichenwälder ist das eine einleuchtende Namensgebung.

Die Stadt prosperierte wegen ihrer günstigen Lage an einer Handelsstraße zwischen Brandenburg und Rostock und erlebte im 19. Jh. durch die Ansiedlung zahlreicher Fabriken ihre eigene industrielle Revolution. Berühmt wurde der Plauer Pfarrerssohn Ernst Alban, der hier 1845 die **Hochdruckdampfmaschine** erfand, in einen Schaufelraddampfer einbaute und somit das erste Personendampfschiff der Welt auf dem Plauer See zu Wasser ließ. Fragen zur Stadtgeschichte beantwortet im Übrigen das **Burgmuseum** (Tel. 03 87 35/456 78, April–Mitte Okt. tgl. 10–17 Uhr) mit Sitz im mächtigen, runden *Burgturm* auf den parkähnlichen Wallanlagen am Burgplatz. Dieses Wahrzeichen der Stadt wurde im 15. Jh. errichtet. Ein Verlies liegt 11 m in die Tiefe, während die Plattform in 23 m Höhe Weitblicke beschert.

Die liebenswert heimelige Atmosphäre von Plau teilt sich besonders auf dem **Marktplatz** mit. Er wird gerahmt von schlichten Fachwerkhäuschen, einem von wildem Wein berankten Rathaus (1889) und der mächtigen Stadtkirche. Letztere beherbergt sehenswerte spätgotischen Schnitzereien und ein Renaissance-Taufbecken. Ganz ›hinten‹, am Kirchplatz 3, erinnert das **Bildhauermusem Wandschneider** (Juni–Sept. Mo–Sa 10–12, Mo–Fr 12.45–15, sonst Mo–Fr 9–12, Di 15–18 Uhr) an den in Plau geborenen Bildhauer Professor Wilhelm Wandschneider (1866–1944), der seine Hochphase in wilhelminischer Zeit hatte.

Unten an der Elde-Schleuse sind weitere Sehenswürdigkeiten zu entdecken: Die interessante **Hubbrücke**, ein technisches Denkmal vom Anfang des 20. Jh., und die sog. **Hühnerleiter**, eine ulkige Holzbrücke, von der man einen schönen Blick über die ganze Kanal-Szenerie hat. Einen Riesenspaß gibt es hier immer im Juli, wenn bei der *Badewannenrallye* die seltsamsten Gefährte auf der Elde vorbeipaddeln.

i Praktische Hinweise

Information

Tourist-Information, Marktstr. 20, Plau, Tel. 03 87 35/456 78, Fax 03 87 35/414 21, www.plau-am-see.de

Baden

FKK auf der Insel Werder im Plauer See; viele schöne Badestrände rings um den See, ein bewachter an der Seestraße.

Hotels

Aparthotel am See, Kantor-Ehrich-Str. 3d, Plau, Tel. 03 87 35/850, Fax 03 87 35/ 420 42, www.aparthotel-am-see.de. Familiengeführtes Haus in idyllischer Lage nahe dem See und mit Hallenbad.

Parkhotel Klüschenberg, Klüschenberg 14, Plau, Tel. 03 87 35/443 79, Fax 03 87 35/443 71, www.klueschenberg.de. Schickes Haus der gehobenen Klasse, im Park gelegen, mit Restaurant.

Seehotel Plau am See, Hermann-Niemann-Str. 6, Plau, Tel. 03 87 35/840, Fax 03 87 35/841 66. Hotel Relais du Silence mit dem See vor der Tür. Gute Küche.

40 Goldberg

Viel Natur – und ein Wolf im Heimatmuseum.

Goldberg ist ein ruhiges, von Seen umgebenes Städtchen. Einerseits hat es mit dem **Natur-Museum** (Müllerweg 2, Mai–Sept. Mo–Fr 9–12 und 13–17, So 10–12 und 14–17,Okt.–April Mo–Fr 9–12 und 13– 16, So 10–12 und 14–16 Uhr) in der alten Wassermühle sowie mit der evangelischen **Stadtkirche** (Gottesdienste gelegentlich auch auf Plattdeutsch) durchaus einige Sehenswürdigkeiten zu bieten. ansonsten aber macht seinen Reiz vor allem die wasserreiche Umgebung des **Mildenitztals**, ein Flusstal mit terrassenartigen Ufern. Ein beliebtes Ausflugziel sind hier die **Langenhägener Seewiesen** bei Techentin, ein renaturiertes Feuchtbiotop, in dem Kraniche, Gänse und Enten beobachtet werden können.

Gleichsam vor der Haustüre von Goldberg liegt der **Naturpark Nossentiner/Schwinzer Heide**, dessen Kernstück das größte zusammenhängende Waldgebiet in Mecklenburg bildet. Eingelagert in die ausgedehnten Kiefern- und Buchenwälder sind unzählige glasklare Seen und ein Mosaik von Mooren und Feuchtwiesen. In **Karow** hat die Naturparkverwaltung ein *Informationszentrum* (Tel. 03 87 38/702 92) eingerichtet, in dem man Wanderkarten erstehen und sich zu geführten Exkursionen anmelden kann.

Dobbertin – die einzige Doppelturmkirche in Mecklenburg

Ausflüge

4 km nördlich von Goldberg ragen über dem Dobbertiner See die Türme der **Klosteranlage Dobbertin** (Tel. 03 87 36/ 861 00, Di–So 11–13 und 13.30–17 Uhr) auf. Vom 1220 gegründeten Benediktiner-Mönchskloster blieben mehrere spätbarocke und klassizistische Wohngebäude, der gotische Kreuzgang und vor allem die im Kern gotische, aber nach Plänen von Karl Friedrich Schinkel neugotisch überformte Klosterkirche, die als einzige Doppelturmkirche Mecklenburgs gerühmt wird. Die Diakonie unterhält hier ein Wohnheim für geistig behinderte Menschen (www.kloster-dobbertin.de) und ein kleines Klostercafé mit Sonnenterrasse zum romantischen Dobbertiner See.

i Praktische Hinweise

Information

Fremdenverkehrsamt, Müllerweg 2, Goldberg, Tel. 03 87 36/404 42, /Fax 03 87 36/405 35

Hotel

Hotel Schloss Passow, Am Schloss 67, Passow am See, Tel. 03 87 31/36 50, Fax 03 87 31/365 19, www.schloss-passow.de. Klassizistisches Schlösschen, mit ebenso möblierten Zimmern und Suiten, direkt am See.

41 Sternberg

›Wallfahrtsort‹ mit dramatischer Geschichte.

In dem 1250 gegründeten Ort Sternberg nahm der mecklenburgische Herzog Heinrich II., genannt der Löwe, 1310–29

Durchs gotische Mühlentor hinein in die Sternberger Altstadt

Residenz. Ein dunkles Kapitel der Stadtgeschichte betrifft eine angebliche Hostienschändung im Jahr 1492, die in der Folge 25 jüdischen Männern und Frauen das Leben kostete. Die Legende besagt, dass eine Jüdin beim Versuch, eine geweihte Hostie zu beseitigen, in einen Stein eingesunken sei. Dieser steinerne ›Fußbeweis‹ ist seitdem in die Außenwand am Südportal der **Stadtkirche** eingemauert und machte die Stadt einst zum viel besuchten ›Wallfahrtsort‹. Die damals einsetzende Sternberger Judenverfolgung zog ein 200-jähriges Siedlungsverbot für Juden in ganz Mecklenburg nach sich.

Den berühmten ›Sternberger Kuchen‹, ein 30 Mio. Jahre altes fossiles Steingemisch aus Korallen, Muscheln, Schneckenhäusern und Holz, kann man im **Heimatmuseum** (Mühlenstr. 6, Mai–Sept. Di–Fr 10–12, 13–16, So 15–17, Okt.–April Do 10–16 Uhr) bewundern. Ansprechend ist ein Spaziergang durch die schachbrettartig angelegte Sternberger **Altstadt** mit Resten der alten Wallmauer, dem gotischen Mühlentor und ihren vielen hübschen *Fachwerkhäusern*, wobei das typische Sternberger Band – ein mit Rauten bemaltes Zierbrett zwischen Erdgeschoss und erstem Stock – eine besondere Dekoration darstellt. Am Marktplatz steht das neugotische **Rathaus**, in dem bis 1918 im Wechsel mit Malchin der Mecklenburger Landtag amtierte.

Ausflug

Einen Besuch lohnt das **Archäologische Freilichtmuseum Groß Raden** (Tel. 038 47/22 52, www.gross-raden.de, April–Okt. tgl. 10–17.30, Nov.– März Di–So 10–16.30 Uhr), 5 km nördlich. Auf der Halbinsel im Groß Radener See wurde 1973–80 ein slawischer Siedlungskomplex aus dem 9./10. Jh. ausgegraben und als Freilichtmuseum rekonstruiert. Heute sieht man hier einen Tempel, mehrere Flechtwerkhäuser und eine Rundburg . Das angegliederte Museum (bis voraussichtl. April 2009 geschl.) thematisiert die Gesellschafts-, Wirtschafts- und Kulturformen der westslawischen Stämme.

i Praktische Hinweise

Information

Touristinformation, Am Markt 3, Sternberg, Tel. 038 47/44 45 35, www.amt-sternberger-seenlandschaft.de

Baden

Strandbäder finden sich ortsnah am Luckower und Großen Sternberger See.

Hotel

Seehotel Sternberg am See, Johannes-Dörwald-Allee 1, Sternberg, Tel. 038 47/ 35 00, Fax 038 47/35 01 66. Komfortables Hotel Relais du Silence, nahe dem Sternberger See, ausgezeichnetes Restaurant.

Obotriten unter uns – hin und wieder bevölkert sich der rekonstruierte Siedlungskomplex im Freilichtmuseum Altslawischer Tempelort Groß Raden

Von Schwerin ins Elbetal – Märchenschlösser, Dorfidyllen

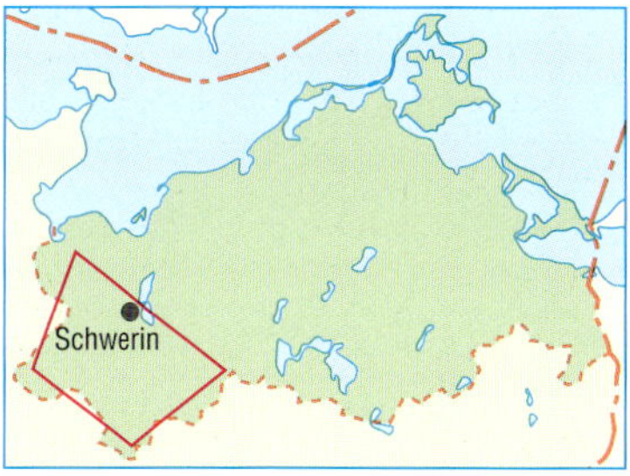

Die Hauptstadt des Landes Mecklenburg-Vorpommern zeichnet sich sowohl durch eine großartige historische Bausubstanz als auch aufgrund ihrer Lage zwischen sieben Seen durch eine ganz besondere ›Wasser-Stimmung‹ aus – **Schwerin** ist elegant und anheimelnd zugleich. In der überschaubaren Innenstadt hat sich in den letzten Jahren viel getan, meistens zum Wohle des äußeren Erscheinungsbildes. Schwerin besitzt einen Charme, der auf den ersten Blick betört. Es lohnt sich, etwas Zeit einzuplanen, um in die kulturellen Schönheiten dieser Stadt einzutauchen – am besten lernt man sie zu Fuß kennen.

Aber nicht nur Schwerin selbst, auch die Umgebung hat eine Vielzahl an Sehenswürdigkeiten zu bieten. Ob man einen Ausflug rund um den Schweriner See macht, einen Tag ins Westmecklenburgische zum reetgedeckten Denkmalhof **Rauchhaus Möllin** fährt oder in der Barockstadt **Ludwigslust** die feudale Residenz der Herzöge von Mecklenburg besucht und von da aus zu einem Spaziergang in die **Griese Gegend** an der Elbe aufbricht – der Landstrich zwischen Westmecklenburg und dem Elbetal hat ein ganz eigenes, ansprechendes Profil.

42 Schwerin

Plan Seite 112

Die kleinste aller deutschen Landeshauptstädte (97 000 Einwohner) ist zugleich die älteste Stadt Mecklenburg-Vorpommerns – eine charmante Kleinmetropole mit reicher Tradition und großer kultureller Zukunft.

›Die Stadt der sieben Seen‹, wie Schwerin wegen seiner schönen Lage am Wasser immer wieder genannt wird, ist ideal für alle, die sich von Natur und Kultur gleichermaßen angezogen fühlen. Abwechslungsreich präsentiert sich das Stadtbild: Hier liegt der Lankower See mit seinen vielen Buchten, dort ragt die Schlossinsel in den Burgsee, und wer die Brücke am Spieltordamm überquert, dem öffnet sich plötzlich der weite Blick über Ziegelsee und Pfaffenteich. Außerdem gibt es da noch den Ostorfer See, den Faulen See und den Schweriner See. Das Grün der Schweriner Wälder scheint sich bis hinein in die **Altstadt** mit ihren repräsentativen Stuckfassaden der stattlichen Häuser zu ziehen.

Seit über 80 Jahren lebt Schwerin mit dem Erbe seiner jahrhundertelangen Geschichte als herzogliche **Residenzstadt**, denn bis auf zwei kurze Unterbrechungen, als Wallenstein den Hof 1629–31 nach Güstrow und die Herzöge ihn 1756–1837 nach Ludwigslust verlegten, wurde das Land von 1358 bis 1918 von Schwerin aus regiert. Dennoch – wer einen Gang vom Markt zum Alten Garten vor der Schlossinsel macht, kann auch heute noch einen Hauch vom einstigen Ruf der provinziellen und sozial rückständigen Idylle im zur Schau getragenen Mäntelchen einer Residenzstadt empfinden.

Geschichte 1160 zerstörte Heinrich der Löwe die slawische *Burg Zuarin* (Tierparadies) auf der Schlossinsel und gründete eine Stadt, in der er, neben Lübeck und Ratzeburg, das dritte Bistum im norddeutschen Raum installierte. Er setzte den getauften Pribislaw, Sohn des besiegten Slawenfürsten Niklot, als Vasall über das einst von seinem Vater regierte Gebiet ein. Pribislaw wurde dadurch zum *Stammvater* des mecklenburgischen Herrscherhauses, dessen Abkömmlinge zunächst als Grafen von Schwerin, ab 1348 als Herzöge und 1915–18 als Großherzöge regierten.

Schwerin – Pfaffenteich und Ziegelsee liegen im Norden der städtischen Seenlandschaft

Schwerin brannte sechs Mal nieder, das schlimmste Feuer vernichtete 1651 fast die gesamte Altstadt. Wirtschaftlich konnte die Residenzstadt nicht mit Küstenstädten wie Rostock oder Wismar konkurrieren, aus merkantilen Gründen hatte man auch 1705 im Norden der Stadt eine ›Neustadt auf der Schelfe‹ gegründet, die später Schwerin angegliedert wurde. Im Zuge der Rückverlegung der Residenz aus Ludwigslust (1837) entstanden ehrgeizige Repräsentationsbauten, die das Stadtbild nachhaltig prägten. Im Zweiten Weltkrieg blieb die Stadt weitgehend verschont. Durch Landtagsbeschluss wurde Schwerin schließlich 1990 **Hauptstadt** von Mecklenburg-Vorpommern, sehr zum Ärger der größeren, aber weniger ›residenzerfahrenen‹ Stadt Rostock. Mittlerweile haben etliche Landesbehörden und kommunale Einrichtungen ihren Sitz in den repräsentativen Gebäuden des 19. Jh. bezogen. Wie in anderen ostdeutschen Städten wird auch in Schwerin an allen Ecken und Enden restauriert und gebaut. Auch das Schloss, bis vor kurzem noch von einer jahrzehntealten schwarz-braunen Patina überzogen, schimmert schon wieder in altem Glanz, wenngleich die Restaurierungsarbeiten noch nicht abgeschlossen sind.

Besichtigung Einen Rundgang durch Schwerin beginnt man am besten am **Pfaffenteich** 1, einem künstlich angestauten und von Promenaden und eindrucksvollen Bauten des 19. Jh. umkränzten See, der oft mit der Hamburger Binnenalster verglichen wird. Vom Gastronomiebetrieb auf der Uferterrasse aus lässt sich die schöne Kulisse mit den Wasserspielen und den zwischen Ost- und Westufer pendelnden Fährbooten ge-

nießen. Dabei hat man zur linken Seite, an der Südspitze, auch das kastellartige **Arsenal** ❷ im Blick, der breit gelagerte Bau in Tudorgotik diente als Zeughaus, Hauptwache, Gefängnis und Militärgericht und wird heute vom Innenministerium genutzt. Im Hintergrund spitzt das Vielgetürm der **Paulskirche** ❸ (www.paulskirche-schwerin.de) nach oben – ein zierlicher neugotischer Backsteinbau von 1869 des damals leitenden mecklenburgischen Kirchenbaurats Theodor Krüger.

Den Bereich des Ostufers nimmt die **Schelfstadt** (Schelf = flache Insel) ein, ein 1705 planmäßig angelegtes barockes Viertel, das in seiner Geschlossenheit in Mecklenburg-Vorpommern einzigartig ist. Die hübschen Fachwerkhäuser sind mittlerweile größtenteils renoviert. Das Zentrum bildet der rechteckige **Schelfmarkt** mit der über dem Grundriss eines griechischen Kreuzes errichteten Schelfkirche **St. Nikolai** ❹, einem der bedeutendsten barocken Sakralbauten in Mecklenburg (Jakob Reutz und Leonhard Christoph Sturm, 1708–13). Nicht weit davon liegt das **Schleswig-Holstein-Haus** ❺ (Tel. 03 85/55 55 27, tgl. 10–18 Uhr) das bis ins 13. Jh. Bischofssitz, später Wohnhaus war und in dem nun, nach umfangreicher Rekonstrukion, Kunstausstellungen, Lesungen und Konzerte stattfinden. Blickfang an der Südseite des Pfaffenteichs ist das spätklassizistische **Haus der Kücken-Stiftung** ❻ (Friedrichstr. 2). Die Marmorbüste im Palmen-Vorgarten erinnert an den Schweriner Hofkomponisten Friedrich Wilhelm Kücken, der mit dem Volkslied ›Ach, wie ist's möglich dann‹ im 19. Jh. berühmt wurde.

Stadtbeherrschend – der Dom

Majestätisch überragt der mächtige gotische **Dom** ❼ (www.dom-schwerin.de, Mai–Okt. tgl. 10–17, Nov.– April 11–14 Uhr) die Häuser der Altstadt. Mit seinen 117,5 m ist der erst 1892 angefügte *Turm* der höchste Kirchturm des Landes – atemraubend daher auch die Blicke über die Schweriner Seenlandschaft von der Aussichtsplattform aus. Die dreischiffige Backsteinbasilika mit gewaltigem Querhaus, Chorumgang und Kapellenkranz entstand 1270–1416 und bezog einen romanischen Vorgängerbau von 1228 mit ein (aus dieser Zeit stammt noch die *Paradiespforte* in der Südwand). Vertikale Linien prägen den Innenraum. Glanzstücke sind der spätgotische *Flügelaltar* (1495) mit einer steinernen Schreintafel der Kreuzigung (1440) – witzig: unten rechts hält sich unter dem Hintern eines Teufels ein Männchen die Nase zu –, das *Triumphkreuz* (1420), die *Orgel* (1871) von Friedrich Ladegast mit vier Manualen und 5197 Pfeifen, ferner hervorragende *Grabmäler* des 16. Jh.

Prachtbauten am Markt

Am nahen **Markt**, wo sich die Tourist-Information befindet und Minibusse zu Stadtrundfahrten aufbrechen, herrscht immer Trubel. Einzigartig ist die Atmosphäre auf diesem beinahe rundum geschlossenen Platz mit seinen hübschen Bürgerhäusern und dem **Neuen Gebäude** 8 an der Nordseite. Dieses klassizistisch anmutende ›Säulengebäude‹ wurde 1785 von Johann Joachim Busch errichtet. Bis ins 20. Jh. hielten die Kaufleute und Bauern der Umgebung unter dem von 14 dorischen Säulen getragenen Dach ihre Markttage ab. Ein anziehender Aufenthaltsort zum Sehen und Gesehen werden ist die Innen- und Außengastronomie des sehr gepflegten Café Röntgen. Gleich ums Eck liegt das **Altstädtische Rathaus** 9 im Stil der englischen Tudorgotik. Auf repräsentative Weise, mit

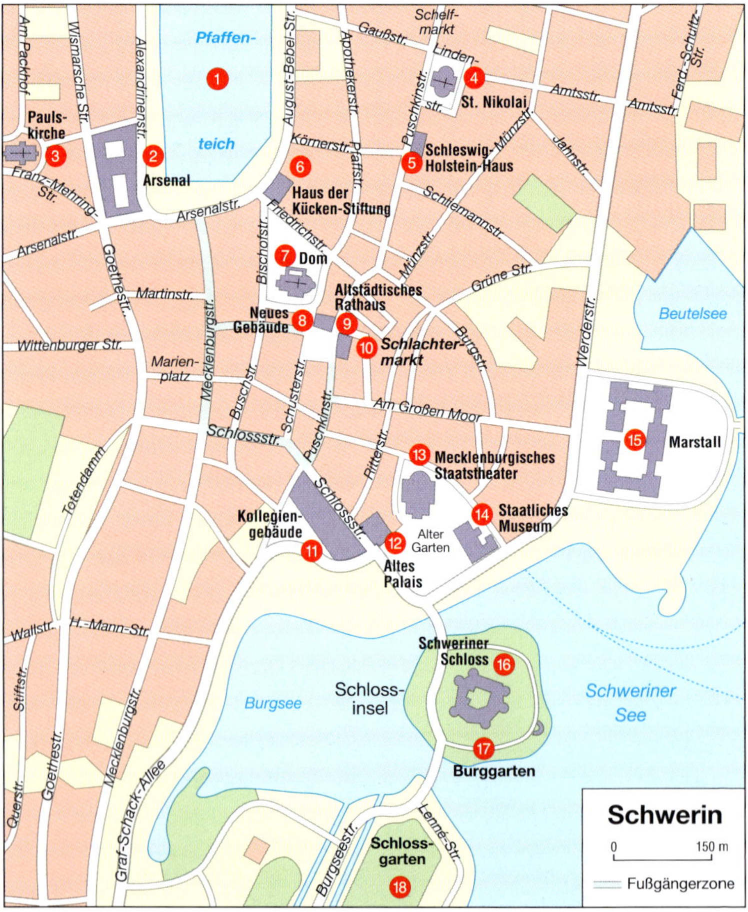

Am Schweriner Markt ragt hinter der Säulenfront des Neuen Gebäudes elegant der Dom auf

Rundbogen und Zinnenkranz, hatte Hofbaumeister Georg Adolph Demmler 1835 vier barocke Giebelhäuser ›verkleidet‹. Der goldene Reiter mit Lanze auf der mittleren Dachzinne stellt den Stadtgründer Heinrich den Löwen dar. Ein Torbogen führt durch das Rathaus zum versteckt gelegenen, intimen **Schlachter-**

Musik-, Sprach- und Tanzkultur im Mecklenburgischen Staatstheater

markt ⑩. Dies mag der geeignete Aufenthaltsort für ein Päuschen sein, denn hier lädt ein Café zur Einkehr oder man kann Eis am Rand des Stierbrunnens schlecken und dabei das Treiben auf dem Schweriner Wochenmarkt (Di–Fr 9–17, Sa 8–13 Uhr) beobachten. Mittags, kurz nach 12 Uhr, spielt das Glockenspiel an der Rathausrückseite Mecklenburgs meistgesungenes Volkslied ›Von Herrn Pastursien Kauh‹. Die Strophen des Liedes stellte der Berliner Bildhauer Stephan Horotha 1980 auf dem runden Schmuckfries des Stierbrunnens dar. Am Schlachtermarkt 3 erinnert eine Gedenktafel an die Schweriner Synagoge, die hier bis zur Pogromnacht des 9. November 1938 stand.

Ins Regierungsviertel

Über die Fußgängern vorbehaltene Puschkinstraße erreicht man das **Kollegiengebäude** ⑪ an der Schlossstraße. Die stattliche klassizistische Dreiflügelanlage von Georg Adolph Demmler (1834) bezog die Staatskanzlei, hier sitzt der amtierende Ministerpräsident. Das gegenüberliegende **Alte Palais** ⑫, ein schlichter zweistöckiger Fachwerkbau, wurde 1799 für den Erbprinzen Friedrich Ludwig und seine 15-jährige Gemahlin, die russische Zarentochter Helena Paulowa Romanowa, errichtet.

Nach Südosten öffnet sich der **Alte Garten**, der wegen seiner repräsentativen Randgebäude auch als ›Platz der guten Hoffnung‹ bezeichnet wird. Im 17. Jh befand sich hier wirklich einmal ein Garten, der eben ›alt‹ wurde, als im 18. Jh. am gegenüber liegenden Seeufer der modernere Schlossgarten entstand. Eine Platzdominante ist das innen wie außen in üppiger Pracht strotzende **Mecklenburgische Staatstheater** ⑬ (Tel. 03 85/530 00, www.theater-schwerin.de), das Georg Daniel 1886 in schweren neubarocken Formen errichtete. Der Ruf des Theaters – mit Schauspiel, Oper , Ballett und Konzert sowie vor allem der viel beachteten niederdeutschen Fritz-Reuter-Bühne – reicht längst über Mecklenburgs Grenzen hinaus.

Nebenan führt eine Freitreppe zum Säulenportikus des Galeriegebäudes von Schwerins ›Tempel der Künste‹. Das

TOP TIPP

Staatliche Museum ⑭ (Tel. 03 85/595 80, www.museum-schwerin.de, Mitte April–Mitte Okt. Di–So 10–18, sonst Di–So 10–17 Uhr) ist Mecklenburgs größtes Kunstmuseum. Den Grundstock des riesigen Bestandes bildete die Privatsammlung des mecklenburgischen Fürstenhauses, der Neuerwerbungen von Weltrang bis in die Moderne hinzugefügt werden konnten. Vorrangig sind Werke der niederländischen und flämischen

◁ *Staatliches Museum Schwerin: ›Lachender Knabe mit Weinglas‹ von Frans Hals, um 1626*

Blick von der Schlossbrücke: Altes Palais mit Dom (links), Theater (Mitte) und Museum (rechts)

Malerei und Grafik des 17. Jh. zu bewundern – bäuerliche Alltagsszenen, großartige Landschafts- und Seestiche, Stillleben. Die hochkarätigen Namen: Rembrandt, Rubens, Frans Hals, Jan Davidsz de Heem und viele andere, darunter auch der Franzose Jean Baptiste Oudry (18. Jh.). Die Sammlung wird zudem durch Sonderausstellungen vor allem zeitgenössischer Kunst bereichert.

Nur wenige Meter hinter dem Museum liegt am Ostende der Straße Am Großen Moor der vierflügelige, pavillongerahmte **Marstall** 15 von 1843, in dem die Amtsräume der Ministerien für Kultus und Soziales eingerichtet sind.

Der Hofbaumeister von Schwerin

Als Großherzog Friedrich Franz I. in den 20er-Jahren des 19. Jh. daran ging, Schwerin zu einer würdigen Residenzstadt auszubauen, engagierte er den 21-jährigen **Georg Adolph Demmler** (1804–1886), einen vielversprechenden Schüler von Karl Friedrich Schinkel an der Berliner Bauakademie. Schwerin verdankt Demmler zahlreiche historische Bauten, wie zum Beispiel das **Kollegiengebäude** (1834), die **Rathausfassade** (1835), den **Marstall** (1842), das **Arsenal** (1844) und einige Privatvillen. Sie bestimmen noch heute das Bild der Altstadt.

Als Demmlers Hauptwerk gilt das **Schweriner Schloss**, dessen Ausführung er jedoch nur bis 1851 wahrnehmen konnte, denn als Freimaurer und unbeugsamer Liberaler fiel er 1848/49 wegen »revolutionärer Umtriebe« bei Hofe in Ungnade und wurde entlassen. Schon vorher hatte sich Demmler viele Hofbeamte zu Feinden gemacht, denn unter Umgehung der strengen Hofhierarchie pflegte er gelegentlich mit seinem Landesherrn direkt zu verhandeln. Das Konterfei dieses selbstbewussten Mannes, schöpferischen Architekten und engagierten Sozialreformers zeigt ein Porträtmedaillon an der Fassade seines **Wohnhauses** (Mecklenburger Straße/Ecke Arsenalstraße).

Attraktion Schweriner Schloss – Chambord an der Loire stand Pate

Vieltürmiges Märchenschloss

Ein fantastisches Panorama mit den Ausflugsdampfern der Weißen Flotte und den vielen Segel- und Ruderbooten auf dem Schweriner See bietet das TOP TIPP **Schweriner Schloss** 16 (Tel. 03 85/ 525 29 20, www.schloss-schwerin.de, Mitte April–Mitte Okt. tgl. 10–18, sonst Di–So 10–17 Uhr) auf seiner Insel. Das Schweriner Wahrzeichen wird wegen der unregelmäßigen Gebäudeflügel, den vielen Dachformen, Giebeln und Türmchen oft mit dem bayerischen Märchenschloss Neuschwanstein verglichen, gilt aber auch als ein Hauptwerk des deutschen Historismus. Gelegentlich fahren auf Hochglanz polierte Staatskarossen vor, denn seit 1990 tagt in einem Flügel des Schlosses der mecklenburg-vorpommersche Landtag. Im Rundbogen über der Tordurchfahrt zum Innenhof prangt das Reiterstandbild des Slawenfürsten Niklot, dessen Burg einst auf der Schlossinsel stand. Sein heutiges Aussehen erhielt das Schloss 1843–57 nach Plänen von Georg Adolph Demmler unter Mitwirkung von Friedrich August Stüler und Gottfried Semper. Demmler ließ sich dabei durchaus vom französischen Loire-Schloss Chambord inspirieren.

Ein Besuch im **Schlossmuseum** führt durch die stilvoll möblierten und von Stüler prunkvoll ausgestatteten Arbeits-, Gesellschafts- und Privatgemächer des Großherzogs und der Großherzogin, die bis zur Abdankung 1918 bewohnt waren. Absoluter Höhepunkt ist der prachtvolle *Thronsaal* mit allerfeinstem Intarsienfußboden, vergoldetem Stuckdekor, Carrara-Marmor und dem baldachinbekrönten

Thronsessel. In den einstigen Kinderzimmern befindet sich eine Porzellanausstellung. Nur nach telefonischer Voranmeldung im Museum ist die protestantische **Schlosskapelle** (Gottesdienst So 10 Uhr) des Vorgängerbaus von 1563 mit ihrem schönen spätgotischen Sterngewölbe zu besichtigen.

Ein kleines Paradies ist der **Burggarten** 17 rund ums Schloss, bestückt mit einer *Felsengrotte*, einer *Orangerie* und vielen seltenen Pflanzen und Bäumen. Über eine alte Drehbrücke geht es in den barocken **Schlossgarten** 18, den der Franzose Jean Laurent Legeay 1748–56 mit zentraler Achse, doppeltem Kreuzkanal und Kaskaden anlegte und der im 19. Jh. im Stil des englischen Landschaftsgartens von Peter Joseph Lenné erweitert wurde. Besonderes Augenmerk verdienen die *14 Skulpturenkopien* aus der Dresdener Zwinger-Werkstatt Balthasar Permosers. Im hinteren Gartenteil, am Ufer des Faulen Sees, zeigt eine kleine Ausstellung in der *Schleifmühle* (Di–So 10–17 Uhr), wie hier ab 1747 Granit und Marmor zersägt und poliert wurde, den man beim Schlossbau für Treppen, Fensterbänke und Tischplatten benötigte.

Ausflüge

Am Sandstrand von *Zippendorf*, am Südzipfel des Schweriner Sees, tummeln sich im Sommer die Badelustigen. Mit einer Fläche von rund 64 km^2 ist der **Schweriner See** nach der Müritz der zweitgrößte und mit einer Tiefe von 54 m auch einer der tiefsten Seen des Landes. Vom Schiffsanleger an der Uferpromenade kann man einen Ausflug auf die naturgeschützte *Insel Kaninchenwerder* unternehmen (Café auf der Insel).

Vom Leben auf dem Lande kündet 6 km östlich von Schwerin am Ufer des Schweriner Sees das sympathische Bauerndörfchen **Mueß**. Der gesamte Ortskern ist ein sehenswertes *Freilicht- und Volkskundemuseum* (Tel. 03 85/20 84 10, April–Nov. Di–So 10–18 Uhr), und schon die Zufahrt über die holperige, kopfsteingepflasterte Allee ist eine Idylle. Neben einem niederdeutschen Hallenhaus samt Scheune (17. Jh.) sind hier mehr als 20 Objekte – Büdnerei, Hirten- und Kunstkaten, Backofen, Schmiede, Bauerngarten, Dorfschule, Spritzenhaus und Bienenschauer – zu besichtigen. Mobiliar und Alltagsgeräte des 17.–20. Jh. führen das damals knochenharte Leben der mecklenburgischen Dorfbewohner vor Augen.

i Praktische Hinweise

Information

Tourist-Information, Am Markt 14, Schwerin, Tel. 03 85/592 52 12, Fax 03 85/55 50 94, www.schwerin.com

Hotels

Alago, Cambser Seeweg 5, Cambs (12 km nordöstl. von Schwerin), Tel. 038 66/660, Fax 038 66/66 55, www.alago-hotel.de. Modernes ruhiges Haus am See, mit großem Garten. Gute Küche.

Arte, Dorfstr. 6, Schwerin (OT Krebsförden), Tel. 03 85/634 50, Fax 03 85/634 51 00, www.hotel-arte.de. Zimmer im Provence-Stil möbliert. Restaurant, Bar, Gartenterrasse.

Elefant, Goethestr. 39–41, Schwerin, Tel. 03 85/540 80, Fax 03 85/540 82 22, www.hotel-elefant.de. Zentral gelegenes, historisches Hotel mit traditionsreichem schickerem Restaurant Art (Mo geschl.).

Haus am Pfaffenteich, Gaußstr. 19, Schwerin, Tel. 03 85/52 19 50, Fax 03 85/521 95 29, www.haus-am-pfaffenteich.m-vp.de. Kleines Hotel garni im Zentrum.

Restaurants

Alt Schweriner Schankstuben, Am Schlachtermarkt 9–13, Schwerin, Tel. 03 85/59 25 30. Rustikale Weinstube und Grillrestaurant in der Altstadt mit Biergarten. Ordentliche Hausmannskost.

Friedrich's, Friedrichstr. 2, Schwerin, Tel. 03 85/55 54 73, www.restaurant-friedrichs.com. Café-Restaurant am Pfaffenteich im gehobenen Bistro-Stil, die schöne Gartenterrasse hat mediterranes Flair.

Rösterei Fuchs, Am Markt 4, Schwerin, Tel. 03 85/593 84 44. Gepflegte Kaffeekultur aus aller Herren Länder. Unübertrefflich aber ist die Trinkschokolade.

Suppenstube, Puschkinstr. 55, Schwerin. Handfeste, selbstgekochte Suppen und Eintöpfe, unkompliziert und nahrhaft, gleich hinter dem Neuen Gebäude am Markt (Sa/So geschl.).

Weinhaus Uhle, Schusterstr. 13–15, Schwerin, Tel. 03 85/56 29 56. Traditionshaus mit gediegener Atmosphäre. Regionale Spezialitäten, umfangreiche Weinkarte.

Zeitgeist, Puschkinstr. 22, Schwerin, Tel. 03 85/20 88 89 66, www.zeitgeist-schwerin.de. Retro-Bar-Lounge mit Sofas in historischem Gewölbekeller. Snacks und Beamer (Di–Do ab 18, Fr/Sa ab 19 Uhr).

Auf Schiffstour – mit der ›Mecklenburg‹ über den Schweriner See

43 Gadebusch

Charmantes Backsteinstädtchen mit interessanten Bauwerken.

Am Schnittpunkt der Handelswege zwischen Schwerin – Lübeck und Wismar – Hamburg gelegen, erhielt Gadebusch bereits 1225 das Stadtrecht. In der entzückenden Altstadt, die lediglich aus einer Hauptstraße mit wenigen Nebenstraßen besteht, stößt man in jedem Fall auf das backsteinerne **Rathaus** mit seinem geschwungenen Giebel und den zwei offenen Lauben (1614). Malerisch lugt dahinter der gedrungene Turm der 1230 geweihten spätromanischen Pfarrkirche **St. Jakob und St. Dionysius** hervor, die als älteste Stadtkirche Mecklenburgs und zugleich als erste Hallenkirche im Elbe-Oder-Raum Bedeutung hat. Beachtenswert sind Details wie die Backsteinverzierungen am *Südportal*, oder im dreischiffigen Inneren die Tier- und Menschenköpfe der *Kapitelle*, die *Bronzetaufe* (1450) mit ausdrucksstarken Passionsszenen, die *Chorgestühlswangen* aus dem 15. Jh. und die reich geschnitzte *Kanzel* von 1607.

Dass Gadebusch einst auch Nebenresidenz war, davon zeugt auf dem Schlossberg das **Renaissanceschloss**, das sich der mecklenburgische Herzog Christoph 1570/71 anlässlich seiner Hochzeit mit einer dänischen Prinzessin von Christoph Haubitz bauen ließ. Die Fassade ist mit Friesen und Pilastern wunderschöner, meist noch originaler Terrakotten aus der Werkstatt des Lübecker Meisters Statius von Düren gegliedert. In der **Museumsscheune** (Di–So 10–17 Uhr) stellt die Stadt ur- und frühgeschichtliche Bodenfunde, Trachten und bäuerliches sowie bürgerliches Hausgerät vor. Übrigens besaß Gadebusch bis ins 17. Jh. hinein eine herzogliche Münzstätte, woran jährlich das im Juli stattfindende *Münzfest* erinnert.

Es lohnt auch ein Abstecher in den 3 km westlich gelegenen Weiler **Möllin**. TOP TIPP Hier ist das **Rauchhaus Möllin** (Tel. 0 38 86/71 11 96, www.rauchhaus-moellin.de, Di–So 11–21 Uhr) zwar privat bewirtschaftet, aber auch als eine Art Heimatmuseum für die Öffentlichkeit zugänglich. 1788 wurde das reetgedeckte Hallenhaus erbaut, das heute herzhafte Wohlgerüche durchwabern, denn hier wird nach alter Tradition hausgeräuchert. Den leckeren Schinken oder die Mettwurst kann man als Souvenir mitnehmen oder gleich vor Ort im rustikalen Gasthaus verzehren.

Ausflüge

Lohnendes Ausflugsziel von Gadebusch aus ist die ehem. romanische Benediktinerinnen-Klosterkirche **Rehna**, die im Inneren Reste qualitätvoller hochgotischer Wandmalerei aufweist.

Die älteste Dorfkirche Mecklenburgs steht auf dem Friedhof in **Vietlübbe** (12 km östlich). Der kleine kreuzförmige Bau aus dem frühen 13. Jh. entstand vermutlich unter direktem Einfluss der Ratzeburger Dombauhütte. Besonders schön ist die spätromanische Bauornamentik mit Zahnschnitt-, Rauten- und Rundbogenfriesen.

i Praktische Hinweise

Information

Stadtinformation, Lübsche Str. 5, Gadebusch, Tel. 038 86/21 11 60, Fax 038 86/21 21 21, www.gadebusch.de

Restaurant

Zum Schwedenkönigg, Lübsche Str. 8, Gadebusch, Tel. 038 86/72 09 99, www.zum-schwedenkoenig.de. Gutbürgerliches kleines Hotel-Restaurant, schlicht und backsteinern, mit Biergarten.

44 Zarrentin und Biosphärenreservat Schaalsee

Landidyll am Südufer des Schaalsees.

Zarrentin am Schaalsee ist heute eine viel besuchte Kleinstadt mit 2600 Einwohnern, die sich aufgrund ihrer jahrzehntelangen abgeriegelten Lage im innerdeutschen Grenzgebiet einen besonderen Charakter bewahrt hat. Im Zentrum prägen einige Fachwerkhäuser aus dem 18. und 19. Jh. das Bild.

Nach 1250 hatte sich der Ort im Umfeld eines **Zisterzienserinnenklosters** entwickelt, von dem heute noch der *Ostflügel* mit den ehem. Klausurgebäuden und die *Klosterkirche* vorhanden sind. Die freigelegten Wandfresken im Chor zeigen biblische Szenen wie Kain und Abel oder das Opfer Isaaks. Bemerkenswert ist die Kanzel, die 1699 in Lübeck erworben wurde und feine spätgotische Reliefs zeigt. Im Obergeschoss des ursprünglichen Kreuzgangs waren einst die Schlafzellen der Nonnen untergebracht.

Eine lebendige Szenerie bietet sich zumal im Sommer am Uferweg unten am buchtenreichen **Schaalsee**, wo die Zarrentiner ihre Bootsstege haben, Wasserratten sich in die Fluten der Badeanstalt stürzen, das Möwenburg-Café ein dickes Eis bei bester Aussicht bietet und der Fischer frisch Gefangenes und Geräuchertes verkauft.

Zarrentin liegt im südlichsten Ausläufer des **Biosphärenreservat Schaalsee** (www.schaalsee.de), das sich am Ostufer des Sees hinauf bis Roggendorf und Carlow zieht. Das Gebiet war mehr als 40 Jahre lang an vielen Stellen wegen der innerdeutschen Grenze unzugänglich. Dadurch haben sich hier viele seltene Tier- und Pflanzenarten erhalten. Wunderbare Naturerlebnisse wird erfahren, wer das mit Rotbuchen bestandene und von ausgetorften Mooren durchzogene Land zu Fuß oder mit dem Fahrrad durchstreift, besonders im Frühling, wenn sich ganze Teppiche blühender Anemonen über die Wiesen breiten. Großvögel wie Kraniche, Weißstörche und Seeadler haben hier ihre ungestörten Reviere.

Herzhaft – das Rauchhaus Möllin als die passende Festkulisse zu Bauernpfanne und Eisbein

Zarrentiner Fischerei am Ufer des Schaalsees, dem tiefsten (71,5 m) und einsamsten Gewässer Norddeutschlands

Das *Amt für das Biosphärenreservat Schaalsee* (Tel. 03 88 51/30 20, www.schaalsee.de) in Zarrentin, Wittenburger Chaussee 13, hält eine Karte mit Tipps für die schönsten Regionen zum Wandern, Radfahren und Baden bereit und bietet darüber hinaus für Gruppen Exkursionen unter Leitung der Naturwacht an.

45 Boizenburg/Elbe

Liebenswertes und besonders hübsches Städtchen mit viel Fachwerk.

An der Mündung der Boize in die Elbe siedelten im Schutz einer Wasserburg ab 1170 westfälische und niedersächsische Kolonisten. Ein verheerender Brand vernichtete 1709 fast die gesamte Stadt. Das heutige Erscheinungsbild der hufeisenförmigen Altstadt ist das anschließende Wiederaufbauwerk des Schweriner Baumeisters Jakob Reutz. Ein Kleinod barocker Fachwerkarchitektur ist das **Rathaus** mitten am Markt mit seinem Laubengang und einem Laternentürmchen auf dem Mansarddach. Am Markt 1 dokumentiert im Haus der Stadtinformation das **Heimatmuseum** (Tel. 03 88 47/520 74, Mi/Fr 10–20 und 14–16, So 14–17, Mai–Sept. zusätzl. Sa 14–17 Uhr) in seiner Ausstellung ausgewählte Aspekte kleinstädtischen Mecklenburger Alltagslebens.

Auf den von Linden gesäumten mittelalterlichen **Wallanlagen** kann man rund um die Stadt promenieren und trifft dabei auf einen hübschen *Wallpavillon*, der 1906 für den Stadtrichter erbaut wurde. Vom großen Brand war auch die mittelalterliche **Stadtkirche** in Mitleidenschaft gezogen. Sie wurde barock wieder aufgebaut, erhielt allerdings 1860 eine neugotische Überformung. In der Reichenstr. 4 zeigt das **Erste Deutsche Fliesenmuseum** (Tel. 03 88 47/538 81, www.jugendstilfliesen-museum.de, Di–Fr 10–12 und 14–16, Sa/So 14–16 Uhr), das schöne Wand-Keramik aus der Zeit von 1880–1930 zeigt.

i Praktische Hinweise

Information

Stadtinformation, Markt 1, Boizenburg/Elbe, Tel./Fax 03 88 47/555 19, www.boizenburg.de/tourismus

46 Hagenow

Gemütliche Kleinstadt am Rand der Griesen Gegend.

Bei Hagenow beginnt die *Griese Gegend* (gries = grau, karg, www.griese-gegend.de), eine wenig fruchtbare **Sandbodenlandschaft** mit trockenen Kiefernwäldern und vertorften Mooren – schon immer die ärmste Gegend von Mecklenburg-Vorpommern. Weitere städtische Eckpunkte dieser Landschaft im Dreieck zwischen den Flüssen Elbe, Sude und Elde sind Ludwigslust und Dömitz.

Bis ins 20. Jh. war das mittelalterliche Hagenow ein typisches Ackerbürger- und Handwerkerstädtchen mit zwei- bis dreigeschossigen Wohnhäusern geblieben, wie sie sich noch heute beschaulich entlang der Langen- und Hagenstraße reihen. Der schöne **Altstadtkern** steht unter Denkmalschutz. Das sog. *Jesselsche Haus*, ein repräsentatives Bürgerhaus in Fachwerk (1828/29), beherbergt heute ein **Museum für Alltagskultur der Griesener Gegend** (Lange Str. 79, Tel. 038 83/72 20 42, Di–Do 9–12 und 14–17, So 14–17 Uhr) mit Gaststube. Hier kann man sich mit Hagenower Handwerk und der Volkskunde Südwestmecklenburgs vertraut machen. Auch das denkmalgeschützte Bauensemble der Alten Synagoge gehört zum Museum.

i Praktische Hinweise

Information

Hagenow-Information, Lange Str. 97, Hagenow, Tel./Fax 038 83/72 90 96, www.hagenow.de

47 Landgestüt Redefin

Traditionsreiche mecklenburgische Hengstzucht in reizvoller Parkanlage.

Südlich von Hagenow, inmitten weiter Wiesen und Koppeln, liegt das Landgestüt Redefin (Mo–Fr 7.30–12 und 13–16 Uhr). Es ist neben den Gütern im mecklenburgischen Ganschow bei Güstrow, im sächsischen Moritzburg und im brandenburgischen Neustadt/Dosse das dritte der vier staatlichen DDR-Gestüte, die die Wende überlebten, und obendrein eines der schönsten in ganz Europa.

Seit der Gründung durch Herzog Friedrich Franz I. von Mecklenburg-Schwerin im Jahr 1812 werden hier überwiegend die berühmten **Mecklenburger** gezüchtet, die Pferde mit dem ›M‹ unter der Krone im Brandzeichen. Dabei wird mecklenburgisches Blut mit Arabern, englischem Vollblut und Trakehnern veredelt. Von großzügigen Ausmaßen ist die parkähnliche **Anlage** mit den symme-

Boizenburg-Idyll – in den Wallanlagen des Städtchens steht ein barockisierender Pavillon

Landgestüt Redefin – Stallung mit Tradition und edlem Hengstnachwuchs

trisch angeordneten, eleganten weißen Gebäuden im Stil des Klassizismus, die der mecklenburgische Oberlandbaumeister Carl Heinrich Wünsch ab 1820 entwarf. An vier Wochenenden im September können Zuschauer auf der **Redefiner Hengstparade** (Beginn jew. 13 Uhr, Tickets Tel. 03 88 54/620 13) die prächtigen Pferde bei Reit- und Dressurvorführungen, Quadrillen und Gespannfahrten bewundern.

i Praktische Hinweise

Information

Landgestüt Redefin, Lkr. Ludwigslust, Redefin, Tel. 03 88 54/62 00, Fax 03 88 54/620 11, www. landgestuet-redefin.de

Ein Fest für Pferdenarren – die Redefiner Hengstparade im September

Naturpark Elbetal: Die Binnenland-Wanderdüne bei Klein Schmölen ist noch heute aktiv

48 Dömitz

Renaissanceanlage am rechten Elbe-Ufer – eine der besterhaltenen Flachlandfestungen Nordeuropas.

Wie in einem Körbchen ruht das vom Wasser umflossene Dömitz zwischen Elbe, Müritz-Elde-Wasserstraße und der Doven Elbe. Die von Bäumen gesäumte **Kleinstadt** mit ihren hübschen Fachwerkhäusern und der neugotischen Backsteinkirche wirkt sehr malerisch.

Das **Brückendenkmal** im Schnittpunkt der Bundesstraßen 191 und 195 – eines der bekanntesten Symbole der deutschen Teilung – erinnert an die Bombadierung der zwei Elbbrücken durch die alliierten Fliegerverbände am 20. April 1945. Fast 50 Jahre lang blieben alle Verbindungen gekappt, bis die Straßenbrücke 1992 wieder aufgebaut wurde.

Hauptattraktion ist die in unmittelbarer Nähe gelegene **Festung Dömitz** (Tel. 03 87 58/224 01, www.festung-doemitz.de, Mai–Anf. Okt. Di–Fr 9–17, Sa/So/Fei 10–18 Uhr, sonst geringfügig eingeschränkte Öffnungszeiten). Die 1237 erstmals erwähnte Anlage diente den Grafen von Dannenberg als Einnahmequelle von Schiffszöllen, die beim Passieren der Wasserstraßen fällig wurden. Um sein Herzogtum nach Süden zu sichern, beauftragte Johann Albrecht I. von Mecklenburg 1559 den Oberitaliener Francesco Andrea Bornau mit dem Umbau zu einer mächtigen Backsteinfestung mit Wassergraben, Bastionen und Kasematten. Durch ein prachtvolles Renaissancetor mit Rustikaverblendung (1565) gelangt man in den idyllischen Innenhof. Hier liegt das *Kommandantenhaus,* wo im Museum alles über Elbschifffahrt und die Festungsgeschichte zu erfahren ist. Ein dunkles Kapitel ist die Nutzung als Gefängnis während des 18. und 19. Jh. Prominentester Zuchthäusler war Fritz Reu-

Dömitz – das prächtige Festungstor von 1565

Mecklenburgs ›Klein-Versailles‹ – Schloss Ludwigslust war 1756–1837 Residenz der Herzöge von Mecklenburg-Schwerin. Johann Joachim Busch lieferte die Baupläne

ter [s. S. 89], der hier 1839 – 40 wegen Beteiligung an studentischen Umtrieben einsaß. 1862 hat er diese Zeit in ›Ut mine Festungstid‹ humoristisch verarbeitet. In der früheren Festungskapelle hat das Museum die *Fritz-Reuter-Gedenkhalle* eingerichtet. Fröhlich-bunt ist die Sammlung der *Reuterscheine*, Notgeld, das in den 20er-Jahren des 20. Jh. mit flotten Sprüchen aus Reuters Werken bedruckt wurde.

4 km südöstlich, parallel zur Elbe, erstreckt sich der wegen seiner bis zu 32 m hohen Binnenland-Wanderdünen sehenswerte **Naturpark Mecklenburgisches Elbetal** (Naturparkverwaltung, Tel. 03 88 47/62 48 40, www.elbetal-mv.de). Wanderungen durch das Landschaftsparadies veranstaltet der lokale Naturschutzbund (NaBu Elbtalaue, Tel. 03 87 58/263 78, www.nabu-elbtalaue.de) mit Sitz auf der Festung .

TOP TIPP

i Praktische Hinweise

Information

Tourist Information, Rathausplatz 1, Dömitz, Tel. 03 87 58/221 12, Fax 03 87 58/358 15, www.doemitz.de

49 Ludwigslust

›Lulu‹ – die andere Residenz der Mecklenburg-Schweriner Herzöge.

Seinen Namen verdankt Ludwigslust dem kunstsinnigen Herzog Christian Ludwig II. (1683–1756), der sich 1731 im Dorf Klenow ein Jagdschloss baute. Sein gebildeter und pietistisch geprägter Sohn Friedrich ›der Fromme‹ (1717–1785) bestimmte dieses 1756 zum neuen Regierungssitz und ließ unter der Leitung von Johann Joachim Busch eine in sich geschlossene barocke Residenz nach Versailler Vorbild schaffen. Die klassizistische Bauperiode ab 1808 unter Johann Georg Barca endete 1837 mit der Rückverlegung der Residenz nach Schwerin.

Dem Besucher ›Lulus‹ fällt der schachbrettartige Grundriss dieser Stadt auf, die keinen Marktplatz, aber herrlich breite Straßen hat. Kein Wunder, denn der Ort wurde auf dem Reißbrett entworfen – eine städtebauliche Meisterleistung, deren einziger Bezugspunkt die Residenz bildet.

In der Achse des noch nicht vollendeten Schlosses entstand 1765–70 die

Schlosskirche mit einer eindrucksvollen tempelartigen Portikus-Fassade und mächtigen toskanischen Säulen sowie dem kolossalen Altarbild ›Anbetung der Hirten‹ im Inneren.

Besonders auffällig sind am 1772–76 erbauten und mit Sandstein verblendeten **Schloss Ludwigslust** (www.schloss-ludwigslust.de, Mitte April–Mitte Okt. tgl. 10–18, sonst Di–So 10–18 Uhr) der dominierende Mittelrisalit und das mit 40 allegorischen Statuen geschmückte Attikageschoss. Höhepunkt im *Schlossmuseum* ist der in höfischem Glanz und aufwendiger Rokoko-Dekoration erstrahlende Goldene Saal, in dem auch klassische Konzerte stattfinden (Tel. 038 74/571 90), und der repräsentative Thronsaal.

TOP TIPP

Wichtige Bauteile und Dekorationselemente in Schloss und Kirche wie Säulen, Möbel, Prunkvasen, Büsten bestehen aus **Ludwigsluster Carton**. Dieses bemalte, witterungsbeständige Pappmaschee wurde ab Mitte des 18. Jh. in einer herzoglichen Manufaktur hergestellt und war im 19. Jh. ein Exportschlager.

Genuss verspricht auch ein Spaziergang durch den **Schlosspark**, mit 150 ha der größte seiner Art in Mecklenburg. Anmutige Wasserspiele, exotische Bäume, tanzende Nymphen, Brücken und Kanäle und viele kleine Bauten sind in der Anlage versammelt, die Peter Joseph Lenné 1852–60 umgestaltet hat.

Ausflüge

In **Wöbbelin** (10 km nördlich von Ludwigslust) befindet sich das Grab des 1813 in den Napoleonischen Freiheitskriegen gefallenen Dichters *Theodor Körner*. Daneben erinnert eine *Mahn- und Gedenkstätte* (Tel. 03 87 53/807 92, www.kz-woebbelin.de, April–Okt. Mi–Fr 11–17, Sa/So 13–16.30, Nov.–März Mi–Fr 12–16, Sa/So 13–16 Uhr) an die Opfer des ehem. Konzentrationslagers Wöbbelin.

Weitere 10 km nördlich, in einer Moor-, Wald- und Wiesenniederung der Lewitz, liegt das **Jagdschloss Friedrichsmoor** (Tel. 03 87 57/545 71, www.jagdschloss-friedrichsmoor.de). Es ist eines der wenigen erhaltenen Schlösser in Fachwerkbauweise, das sich Herzog Friedrich von Mecklenburg-Schwerin 1780 nach Entwürfen von Johann Christoph Heinrich von Seydewitz errichten ließ. Heute nutzen sowohl ein Gestüt als auch ein gediegenes Hotel mit vorzüglichem Restaurant das historische Anwesen, doch kön-

Trügerischer Schein: Dekorationselemente aus Holz und Pappmaschee im Goldenen Saal

nen einzelne Räumlichkeiten wie der Gartensaal mit eleganter Jagdtapete (1814) allgemein besichtigt werden.

Einen Abstecher wert ist auch **Grabow** (7 km), die Heimatstadt der Vorfahren von Thomas Mann, über die im *Heimatmuseum* (Tel. 03 87 56/700 54, www.museum-grabow.de, Di/Fr 9–11, Mi/So/Fei 14–16 Uhr) in der Marktstraße Näheres zu erfahren ist. Blickfang des von Fachwerkhäusern gesäumten *Marktes* ist das *Rathaus* (1726) mit hohem Mansarddach und hübscher Freitreppe.

Wöbbelin: Grabmal des Dichters und Freiheitskämpfers Theodor Körner

Praktische Hinweise

Information

Ludwigslust-Information, Schlossstr. 36, Ludwigslust, Tel. 038 74/52 62 51, Fax 038 74/52 61 09, www.stadtludwigslust.de

Hotels

Erbprinz, Schweriner Str. 38, Ludwigslust, Tel. 038 74/250 40, Fax 038 74/291 60, www.hotel-erbprinz.m-vp.de. Elegantes Vier-Sterne-Hotel in einer ehem. Fabrik.

Landhotel de Weimar, Schlossstr. 15, Ludwigslust, Tel. 038 74/41 80, Fax 038 74/41 81 90, www.landhotel-de-weimar.de. Vornehme Zimmer im barocken Giebelhaus. Auch die Küche von Wilfried Glania-Brachmann ist den Besuch wert.

Mecklenburger Hof, Lindenstr. 40–44, Ludwigslust, Tel. 038 74/41 00, Fax 038 74/620 34 00. Mit Liebe zum Detail geführtes Hotel, erstklassiger Service. Feine regionale und internationale Küche.

50 Parchim

Liebenswerte Altstadt in hügeliger Landschaft.

Wem der Sinn nach Fachwerk steht, dem sei ein Besuch von Parchim empfohlen. Die Kreisstadt am Wockersee besitzt be-

◁ *Wunderschöne alte Fachwerkbauten rahmen den Marktplatz von Grabow*

sonders reizvolle **Fachwerkhäuser** aus dem 16. und 17. Jh. mit prachtvollen Giebelseiten. Besonders schöne Exemplare sind in der Lindenstr. 3 und der Langen Str. 24 zu bewundern.

Aus Parchim stammt der preußische Generalfeldmarschall *Helmuth Graf von Moltke* (1800–1891), dessen Lebensmaxime ›Mehr sein als scheinen‹ heute noch ein Schlagwort ist. In seinem Geburtshaus (Lange Str. 28, Di–Fr 10–12 und 14–16, So 14–16 Uhr) ist eine Gedenkstätte eingerichtet. *Fritz Reuter* besuchte in Parchim das Gymnasium in der Blutstr. 3/4 und der Schriftsteller *Johannes Gillhoff*, der mit dem Buch ›Jürnjakob Swehn, der Amerika-Fahrer‹ bekannt wurde, unterrichtete 1892–1903 an der Parchimer Oberschule. Das **Museum** (Lindenstr. 38, Di–Fr 10–12 und 14–16, So 14–16 Uhr) hält Informationen über diese drei berühmten Söhne der Stadt bereit.

Gleich zwei eindrucksvolle Kirchen besitzt die Stadt. An der **St. Marienkirche** (Tel. 038 71/22 61 40) sind am Sockel des nördlichen Kirchenanbaus jüdische Grabsteine des 13./14. Jh. eingefügt, innen sind der spätgotische Schnitzaltar und die reich intarsierte Orgelempore sehenswert. Der harmonische Innenraum der 1289 begonnenen **St. Georgenkirche** (Tel. 038 71/21 34 23) birgt den bemerkenswerten Flügelaltar des Henning Leptzow aus Wismar (1421). Außerdem lohnt sich die Mühe, den 48 m hohen Kirchturm zu besteigen, denn von oben bietet sich eine weite Rundumsicht über Stadt und Umland.

Nahebei steht das mit Staffelgiebeln bestückte gotische **Rathaus**, das 1819 von Johann Georg Barca, dem Hofbaumeister von Ludwigslust, gotisierend umgebaut wurde. Der Backsteinbau war im Jahr zuvor zum Amtssitz des Oberappellationsgerichts – des höchsten Gerichtshofes der mecklenburgischen Großherzogtümer – bestimmt worden.

i Praktische Hinweise

Information

Stadtinformation, Blutstr. 5 (im Stadthaus), Parchim, Tel. 038 71/715 50, Fax 038 71/715 55, www.parchim.de

Parchim: gotisierendes Hauptportal am Rathaus

Mecklenburg-Vorpommern aktuell A bis Z

Vor Reiseantritt

ADAC Info-Service:
Tel. 018 05/10 11 12,
Fax 018 05/30 29 28 (0,14 €/Min.)

ADAC Sommerservice (Juni–Aug.):
Tel. 018 05//23 22 21 (0,14 €/Min.), Faxabruf 01 90 67 07 00 40 01 (0,42 €/Min)

ADAC im Internet: www.adac.de,
www.adac.de/reisefuehrer

Umfangreiches **Informations- und Kartenmaterial** können ADAC-Mitglieder kostenlos bei den Geschäftsstellen oder unter der Tel. 018 05/10 11 12 (0,14 €/Min) anfordern. Im ADAC Verlag ist zudem der Reiseführer Rügen, Hiddensee, Stralsund erschienen.

Mecklenburg-Vorpommern im Internet:
www.mecklenburg-vorpommern.de,
www.mvweb.de

Allgemeine Informationen erteilt der **Tourismusverband Mecklenburg-Vorpommern e. V.**, Platz der Freundschaft 1, 18059 Rostock, Tel. 03 81/403 05 00, Fax 03 81/403 05 55, www.auf-nach-mv.de

Detaillierte Auskünfte bieten folgende acht **Regionalverbände:**

Regionaler Fremdenverkehrsverband Mecklenburgische Seenplatte e.V., Turnplatz 2, 17207 Röbel/Müritz, Tel. 03 99 31/53 80, Fax 03 99 31/538 29, www.mecklenburgische-seenplatte.de

Regionaler Fremdenverkehrsverband Vorpommern e. V., Fischstr. 11, 17489 Greifswald, Tel. 038 34/89 10, Fax 038 34/89 15 55, www.vorpommern.de

Tourismusverband Mecklenburgische Schweiz e. V., Am Bahnhof, Postfach 1123, 17131 Malchin, Tel. 039 94/29 97 80, Fax 039 94/29 97 88, www.mecklenburgische-schweiz.com

Tourismusverband Mecklenburg-Schwerin e.V., Alexandrinenplatz 7, 19288 Ludwigslust, Tel. 0 38 74/66 69 22, Fax 038 74/66 69 20, www.mecklenburg-schwerin.de

Tourismusverband Fischland Darß-Zingst e.V., barther Str. 31, 18314 Löbnitz, Tel. 03 83 24/64 00, Fax 03 83 24/640 34, www.fischland-darss-zingst.de

Tourismuszentrale Rügen GmbH, Bahnhofstr. 15, 18528 Bergen auf Rügen, Tel. 038 38/807 70, Fax 038 38/25 44 40, www.ruegen.de

Usedom Tourismus GmbH, Waldstr. 1, 17429 Seebad Bansin, Tel. 03 83 78/477 10, Fax 03 83 78/47 71 18, www.usedom.de

Verband Mecklenburgischer Ostseebäder e. V. (Küste vom Ostseebad Boltenhagen bis Graal-Müritz), Uferstr. 2, 18211 Ostseebad Nienhagen, Tel. 03 82 03/776 10, Fax 03 82 03/77 61 20, www.ostseeferien.de

Allgemeine Informationen

Notrufnummern und Adressen

Einheitlicher Notruf: Tel. 112 (EU-weit, auch mobil: Polizei, Unfallrettung, Feuerwehr)ADAC-Pannenhilfe:
Tel. 018 02/22 22 22 (vom Mobiltelefon ohne Vorwahl)

◁ **Oben:** *Gedränge zur Hanse Sail Rostock*
Mitte: *Blauer Himmel über Mecklenburg – auf dem Lande (links) und oderder Seebrücke von Ahlbeck auf Usedom (rechts)*
Unten: *Sportlich: radeln rund um Hiddensee*

Österreichischer Automobil Motorrad und Touring Club
ÖAMTC Schutzbrief-Nothilfe:
Tel. 00 43/(0)1/251 20 00

Touring Club Schweiz
TCS Zentrale Hilfsstelle:
Tel. 00 41/(0)2 24 17 22 20

ADAC-Rettungshubschrauber:
Tel. 110 oder 112

ADAC-Wasserstützpunkt:
Marina Wolfsbruch, Rheinsberg-Kleinzerlang (Mecklenburgische Seenplatte), Tel. 03 39 21/87, Fax 03 39 21/888 45

ADAC-Geschäftsstellen: Demminer Str. 10, 17034 Neubrandenburg; Trelleborger Str. 1, 18107 Rostock; Lübecker Str. 18, 19053 Schwerin; Frankenstr. 1, 18439 Stralsund

Grenzübergänge nach Polen

Mecklenburg-Vorpommern hat drei Grenzübergänge nach Polen: Swinemünde (Świnoujście, nur für Fußgänger und Radfahrer), Linken und Pomellen (Kolbaskowo). Polens gehört seit 2004 zur EU, seit 2007 ist der Grenzübertritt für EU-Bürger auch ohne Ausweis möglich. Weitere Auskünfte erteilt die:

Konsularabteilung der Botschaft der Republik Polen, Richard-Strauss-Str. 11, 14193 Berlin, Tel. 030/223130, Fax 030/22313212, www.botschaft-polen.de

Anreise

Auto

Von Süden führt die Autobahn A 19 (Malchow, Plau, Güstrow, Rostock) nach Mecklenburg-Vorpommern, aus Westen die A 24 von Hamburg in das Gebiet um Hagenow, Schwerin, Ludwigslust und Parchim. Außerdem verläuft die Ostseeautobahn A 20 von Lübeck parallel zur Küste bis zur polnischen Grenze. Bundesstraßen ergänzen das Fernwegenetz.

Wichtige **West-Ost-Verbindungen**: Lübeck – Schönberg – Wismar – Rostock – Tribsees – Pasewalk (A 20); Lübeck – Rostock – Demmin – Anklam (B 105/110); Lübeck – Schwerin – Güstrow – Malchin – Neubrandenburg – Anklam (B 104/197)

Wichtige **Nord-Süd-Verbindungen**: Wismar – Ludwigslust (B 106); Rostock – Plau (B 103); Stralsund – Stavenhagen (B 194); Rügen – Stralsund – Greifswald – Anklam – Pasewalk (B 96/109)

Bahn

Der Intercity hält in Schwerin, Neubrandenburg, Stralsund, Ribnitz-Damgarten-West, Rostock und Bergen/Rügen. Bahnhöfe mit RE- bzw. D-Zug-Anschluss sind Anklam, Bad Kleinen, Barth, Büchen, Bützow, Demmin, Greifswald, Güstrow, Hagenow, Ludwigslust, Malchow, Neustrelitz, Pasewalk, Plau, Reuterstadt-Stavenhagen, Sassnitz, Teterow, Waren, Wismar und Züssow. **Autoreisezüge** fahren bis Hamburg und Berlin.

Fahrplanauskunft:

Deutschland
Deutsche Bahn, Tel. 118 61 (gebührenpflichtig), Tel. 08 00/150 70 90 (sprachgesteuert), www.bahn.de

Deutsche Bahn AutoZug, Tel. 018 05/24 12 24 (0,14 €/Min.), www.autozug.de.

Österreich
Österreichische Bundesbahn, Tel. 05 17 17, www.oebb.at

Schweiz
Schweizerische Bundesbahnen, Tel. 09 00 30 03 00, www.sbb.ch

Schiff

Fährverbindungen bestehen von Mecklenburg-Vorpommern nach Schleswig-Holstein sowie Dänemark, Schweden, Finnland, Estland, Lettland, Litauen und Russland (Seehafen Rostock, www.rostock-port.de; Fährhafen Mukran Sassnitz, www.faehrha fen-sassnitz.de).

Bornholmstrafikken, Fährcenter Sassnitz, Tel. 03 83 92/644 20, www.bornholmstrafikken.dk: Sassnitz–Rønne/Bornholm (DK)

DFDS Lisco, Tel. 03 83 92/64 68 14, www.lisco.lt: Di, Do, Sa Sassnitz–Klaipeda (LT)

Scandlines, Am Warnowkai 8, Rostock, Tel. 03 81/207 33 17, www.new.scandlines.de: Rostock–Gedser (DK), Rostock bzw. Sassnitz–Trelleborg (S), Rostock–Ventspils (LV)

Tallink Silja, Zeißstr. 6, Lübeck, Tel. 04 51/589 92 22, www.tallinksilja.de: Rostock–Helsinki (F)–Tallinn (EST)

TransRussiaExpress, Frachtcontor Junge & Co., Lübeck, Tel. 04 51/150 74 43, www.tre.de: jeden So Sassnitz–St. Petersburg (R)

TT-Line, Am Warnowkai 8, Rostock, Tel. 03 81/67 07 90, Fax 03 81/670 79 80, www.tt-line.de: Rostock–Trelleborg (S)

Man kann auch selbst mit dem Boot aus Lübeck, Berlin oder Dresden über ein verzweigtes Netz von Kanälen und Seen bis an die Ostsee schippern.

ADAC-Sportschifffahrt (Tel. 089/767 60, www.adac.de/sportschifffahrt) oder Touristenbüros vor Ort erteilen wassertouristische Informationen und halten eine Liste von Charterfirmen und Marinas bereit.

Flugzeug

Der bedeutendste Linien-und Charterflughafen Mecklenburg-Vorpommerns **Rostock-Laage** (RLG, Tel. 03 84 54/313 39, www.rostock-airport.de) wird innerdeutsch von OLT, AirBerlin und Germanwings ab München, Nürnberg und Köln/Bonn sowie international zunächst probeweise von Ryanair ab Stockholm-Skavsta angeflogen.

Im Sommer (April–Okt.) wird auch der Verkehrsflughafen **Heringsdorf** (HDF, 03 83 76/25 00, www.flughafen-herings dorf.de) regelmäßig angeflogen: von LTS Flugdienste ab Berlin-Strausberg, Eurowings ab Düsseldorf, OLT ab Bremen, Dortmund, Frankfurt, Köln/Bonn und München sowie Air Hamburg ab Hamburg-Uetersen.

Bank und Post

Bank

Öffnungszeiten von Banken und Sparkassen im Allgemeinen Mo und Mi 8.30–13 und 14–16, Di und Do 8.30–13 und 14–18, Fr 8.30–13 Uhr.

Post

Öffnungszeiten der Postämter in größeren Städten in der Regel Mo–Fr 8–18, Sa 8–13 Uhr; in kleineren Orten Mo–Fr 8–12 und 14–16, Sa 8–12 Uhr.

Einkaufen

Öffnungszeiten

Das Gesetz erlaubt in Mecklenburg-Vorpommern folgende Ladenöffnungszeiten: Mo–Fr rund um die Uhr, Sa 6–22 Uhr.

Die *Bädergemeinden* an der Ostseeküste dürfen gemäß der sog. Bäderverkaufsordnung ihre Geschäfte vom Febr.–Nov. zusätzlich So/Fei 11–20 Uhr öffnen. Dasselbe gilt für die Geschäfte der Tourismus-Zentren der Seenplatte.

Lebensmittel

Hinsichtlich selbst erzeugter Natur- und Landwirtschaftsprodukte ist Mecklenburg-Vorpommern ein preiswertes Einkaufsland. Was liegt näher, als sich kulinarische Leckereien, die nicht selten aus mecklenburgischen Privatgärten stammen, mitzunehmen. An der Küste und im Gebiet der Seenplatte sind **Rostocker Kümmel**, klare **Schnäpse** und vor allem frischer und geräucherter **Fisch** sehr beliebte Urlaubs-Mitbringsel. Bei einer Fahrt über die Dörfer wird man per Hinweisschild überall eingeladen, frische Landeier, selbst geimkerten Honig oder Kartoffeln mitzunehmen, und je nach Jahreszeit werden häufig am Straßenrand auf selbst gezimmerten Tischchen pralle Süßkirschen, zarter Spargel und andere Köstlichkeiten angeboten.

Kunsthandwerk

In Mecklenburg-Vorpommern leben viele Künstler, die oft sehr stimmungsvolle **Ateliers** in ausgedienten Mühlen, alten Scheunen oder Bauernhöfen bewohnen, und dort ihre Werke anbieten.

Auf Rügen wird die typische **Rügenkeramik** hergestellt und verkauft. Abgesehen davon hat Mecklenburg-Vorpommern aber keinen landeseigenen Keramik-Fertigungsstil hervorgebracht. Wer gern etwas Gebranntes und Bemaltes mit nach Hause nehmen möchte, findet jeweils im Juni eine gute Auswahl auf dem **Großen Töpfermarkt** in Schwerin oder auf dem **Kunsthandwerker- und Töpfermarkt** im Ostseebad Prerow auf dem Darß.

Unbestittenes Zentrum für die wieder belebte Technik des **Blaudrucks** (Mönchguter Blaudruckerwerkstatt in Göhren/ Rügen), die Verarbeitung von **Bernstein** zu allerlei Schmuck (Bernsteinmuseum in Ribnitz-Damgarten) und die Bastelei von **Buddelschiffen** ist die vorpommersche Ostseeküste.

Essen und Trinken

Die traditionelle Landesküche ist sehr schmackhaft, bodenständig und von hohem Nährwert – kurz, sie macht satt. In ihren Grundzügen wurde sie über Jahrhunderte von den Einflüssen der Menschen aus Ost- und Westpreußen, Pommern, Schweden und Dänemark inspiriert. So kam aus dem Osten das **Pommersche Gänseklein**, aus dem Norden die **Rote Grütze** mit Sahne, aus Westfalen und Niedersachsen das **Schwarzbrot** und der **klare Schnaps** zum Nachspülen.

Mecklenburg war nie ein reiches Land und so kam auf den Tisch, was man selbst anbauen und herstellen konnte. Meist beginnt das Mahl mit Sülze oder einem kräftigen Süppchen, gipfelt in einer Fisch- oder Fleischvariation mit Soße und endet mit einer einfachen Süßspeise. Typische Ingredienzen sind Kartoffeln, Fisch, Schweinebraten, Geflügel, Backobst und Gemüse der Saison, dazu gibt es idealerweise Buttermilch oder ein kühles Bier.

Getreu dem mecklenburgischen Sprichwort ›Wenn dei Fisch brad't is, helpt em dat Water nich mihr‹, steht der **Fisch** auf fast jeder Speisekarte an vorderster Stelle – und wird gern mit einem wenn möglich hausgebrauten Bier verzehrt. Am beliebtesten sind Aal, Maräne, Forelle, Barsch, Hecht und Zander, wer es etwas feiner hält, isst Krebse.

Kulinarische Feste

An einigen Orten wird einmal im Jahr den regionalen Spezialitäten gefrönt:

März/April

Usedom: *Usedomer Heringswochen*, Heringe nach Hausfrauenart sind ein Frühjahrsrenner in ausgewählten Insel-Restaurants.

Mai

Neubrandenburg: *Katharinenfest* (www.katharinenverein.de), Straßenfest, u. a. mit Musik und langer Katharinentafel, bei der Köche aus der Region ihre Künste zeigen.

Oktober

Rügen: *Kohlwochen*, Rügens Gastronomen sind im ›Kohlfieber‹ und laden vier Wochen lang zu Gerichten rund um das gesunde Gemüse. Der ›Rohstoff‹ kommt erntefrisch von der Rügener Halbinsel Wittow. In Bergen kann man sich täglich dann auf dem *Kohlmarkt* selbst eindecken.

Einige Spezialitäten

Appelgriebsch: Schmalz aus ausgelassenem Gänsefett, gemischt mit Äpfeln, Thymian, Backobst, Gänseklein und -blut.

Grützwurst: Kleine Wurst im Darm aus Gerstengrütze, ausgelassenem Schweinefleisch, Zwiebelwürfeln und gewürztem Schweineblut.

Kliebensuppe: Frühstückssuppe aus handgemachten Eierteig-Nudeln in lauwarmer Milch, auch ›Klackerklieben‹ genannt.

Kloppschinken: Gekochter Schinken, in Milch eingelegt, paniert und gebraten.

Labskaus: Püree aus Pökelfleisch, Kartoffeln, Heringsfilet und Roten Beten.

Mecklenburger Sauerfleisch: Herzhafte Sülze aus gebrühtem Schweinebauch und Gemüse, dazu Bratkartoffeln und Remouladensauce.

Swinsrippenbraden: Schweinerippenbraten, gefüllt mit Äpfeln und Pflaumen.

Tollatschen: Typisches Schlachtfestgericht mit dunklen, in Scheiben geschnittenen Klößen aus Mehl, Griebenschmalz, Schweineblut und Rosinen, angebraten mit Apfelscheiben.

Zweierlei Schwarzsauer: Schwarze Kraftbrühe aus Gänseblut, in dem Mandelklöße und Backobst schwimmen.

Feste und Feiern

Feiertage

1. Januar (Neujahr), März/April (Karfreitag, Ostermontag), 1. Mai (Tag der Arbeit), Mai/Juni (Christi Himmelfahrt, Pfingstmontag), 3. Oktober (Tag der Deutschen Einheit), 31. Oktober (Reformationstag), 25./26. Dezember (Weihnachten).

Feste

Vom Frühjahr bis in den späten Herbst finden zahlreiche Feste und Märkte statt. Während die Feiern auf dem Lande von den Gepflogenheiten der Einheimischen bestimmt sind, organisieren die größeren Städte wie Schwerin, Rostock, Neubrandenburg, Stralsund und Greifswald zusätzlich Märkte, Musik-, Tanz- oder Theaterfestivals und Sportwettbewerbe. Die Städte der Küstenregion und der Seenplatte veranstalten Hafenfeste und Regatten. Termine sind bei den Fremdenverkehrsämtern oder den Veranstaltern zu erfahren [s. Praktische Hinweise]:

März

Rostock / Stralsund / Greifswald: *Ostermärkte*. Buntes Markttreiben bis Mitte April mit Schaustellern, Unterhaltung und Blumenmarkt.

April

Penzlin: *Walpurgisnacht*. Ein ›Hexenbrauch mit Schall und Rauch‹: Burgfeuer, Hexenzauber und -tänze an der Alten Burg Penzlin. Tourist-Information, Tel. 039 62/21 00 64

Sommerwochenendvergnügen auf Fischland und dem Darß: Tonnenabschlagen

Schwerin: *Flottenparade.* Saisoneröffnung auf dem Schweriner Innen- und dem Heidesee mit Musik bei Kaffee und Kuchen. Weiße Flotte, Tel. 03 85/55 77 70, www.weisseflotteschwerin.de

Mai

Malchin: *Mecklenburger Motorradtreffen.* Fünf Tage dauert die größte Bikerfete des Nordens mit Musikbands, Shows und Bikerhochzeit. www.motorradtreffen-malchin.de

Rostock/Warnemünde: *Stromerwachen.* Musik und Folklore zum Saisonauftakt am Alten Strom.

Rostock: *Pfingstmarkt.* Traditionelles Markttreiben im Stadtzentrum.

Seeheilbad Graal-Müritz: *Rhododendronfest.* Blütenzauber und Musik im blühenden Park.

Teterow: *Hechtfest.* Heimatfest mit nachgespieltem Schildbürgerstreich.

Juni

Bad Doberan: *Sommersonnenwende* und *Historisches Kampffest.* Lagerfeuer, Umzüge und Spektakel.

Stralsund: *Johannimarkt.* Schaustellermarkt auf der nördlichen Hafeninsel.

Wismar: *Hafenfest.* Spektakel am Alten Hafen und am Lohberg.

Juli

Bad Doberan; Ende Juli finden die Renntage auf der ältesten Galopprennbahn Deutschlands statt. Rennverein Bad Doberan, Tel. 03 82 03/622 00

Barth: *Segel- und Hafentage.* Internationale Seglermeisterschaften, dazu Livekonzerte, Ballonfahrten, Flugvorführungen, Lasershows. Tourist-Information, Tel. 03 82 31/24 64

Fischland-Darß-Zingst: *Tonnenabschlagen.* Wettbewerb um den Titel ›Tonnenkönig‹ an verschiedenen Wochenenden in den Orten Ahrenshoop, Prerow und Wustrow. Tourismusverband Fischland-Darß-Zingst, Löbnitz, Tel. 03 83 24/64 00

Greifswald: *Fischerfest und Greifswalder Gaffelrigg.* Internationales Treffen von gaffelbetakelten Traditionsseglern. Touristen Information, Tel. 038 34/52 13 80, www.museumshafen-greifswald.de

Ostseebad Rerik: *Haff-Festtage.* Buntes Treiben und Spektakel auf den Straßen.

Ostseebad Zingst: *Hafenfest.* Buntes Programm mit Tanz und Unterhaltung.

Rostock / Warnemünde: *Sommerfesttage.* Hafenfest mit historischem Festumzug (›Warneminner Umgang‹). Tourist-Information Warnemünde, Tel. 03 81/54 80 00

Seebäder Heringsdorf und Ahlbeck auf Usedom: *Bridge of Fashion* auf der Heringsdorfer Seebrücke und *Sommerfest* in Ahlbeck.

Wolgast: *Fischer- und Hafenfest.* Mit Besichtigung der Großsegler, Kulturprogramm für Familien und vielen maritimen Ständen.

August

Ostseebad Dierhagen und Born auf dem Darß: *Tonnenabschlagen.* Traditionsreiches regionales Reiter- und Volksfest.

Ostseebad Kühlungsborn: *Schippermützenfest.* Hafenfest.

Penzlin: *Burgfest.* Ritterkämpfe und Schausteller in historischer Burgkulisse. Museum Alte Burg, Tel. 039 62/21 00 64

Rostock: *Hanse Sail Rostock.* Weltweit eines der größten Seglertreffen von Windjammern, Traditionsseglern und Museumsschiffen im Stadthafen, dazu Mitsegelmöglichkeiten, Bummelmeile mit Musik und Unterhaltung, Feuerwerk (zweites Augustwochenende). Tel. 03 81/208 52 33, Mitsegelservice, Tel. 03 81/208 52 26, www.hansesail.com

Rostock: ›*Kultur aus dem Hut*‹. Internationales Kleinkunstfestival mit Vorführungen von Gauklern und Straßenkünstlern.

Seeheilbad Graal-Müritz: *Sommerfest*. Veranstaltungen in der Stadt.

September

Bodstedt: *Zeesbootregatta*. Segelwettbewerb der Zeesboote mit ehem. Fischereisegelbooten am ersten Septemberwochenende. Tel. 03 82 31/44 14

Putbus: *Erntefest*. Buntes Programm zum Erntedankfest auf Rügen. Putbus-Information, Tel. 03 83 01/431

Redefin: *Redefiner Hengstparade*. Reit- und Dressurvorführungen an vier Wochenenden im September bei Hagenow im **Landgestüt Redefin**. Tel. 03 88 54/ 62 00

Schwerin: *Winzerfest*. Alljährliche Weinverkostung auf dem Marktplatz von Anbietern aus süddeutschen Regionen.

Oktober

Bad Doberan: *Molli-Bahnhofsfest*. ›Schall & Rauch‹, Jazz auf der Schiene, Tel. 03 82 03/41 50

November

Ummanz bei Rügen: *Bauernball*. Festlicher Bauerntanz mit Tombola. Ummanz-Info, Tel. 03 83 05/534 81

Dezember

Rostock und andere größere und kleinere Städte: *Weihnachtsmärkte*. Rostock veranstaltet einen der größten Weihnachtsmärkte Norddeutschlands.

Klima und Reisezeit

Die klimatischen Verhältnisse der Ostseeküste (bis etwa 25 km weit ins Land hinein) unterscheiden sich von jenen des Binnenlandes.

An der **Küste** weht meist ein ordentlicher Wind, was sich in heißen Sommern natürlich sehr angenehm auswirkt. Das Frühjahr ist gewöhnlich kühl und aufgrund der hohen Luftfeuchtigkeit auch nebelig, hat aber viele milde und regenfreie Tage. Der Jahresdurchschnittan Niederschlägen liegt hier bei 500– 600 mm. Sommer und Herbst präsentieren sich oft sonnig, bisweilen richtig heiß und trocken. Mit beständigen Temperaturen kann die Ostseeküste aber nicht aufwarten, plötzliche Temperatursprünge sind sommers wie winters möglich. Die angenehmsten Badetemperaturen (im Schnitt frische 17 Grad) misst man in der Ostsee in den Monaten Juli bis September.

Das **Binnenlandklima** unterscheidet sich zwischen eher atlantischem Wetter im Westmecklenburger Land und kontinentalem Klima im Raum der Seenplatte. Auch hier kommt es in Flusstälern und über Seen häufig zu Nebel.

Die **Urlaubssaison** in Mecklenburg beginnt zu Ostern, Anfang April. Da das Land für alle Norddeutschen und Berlin-Brandenburger ein Naherholungsziel ist, sollte an Fest- und Feiertagen wie Ostern, Christi-Himmelfahrt, Pfingsten, Weihnachten und Silvester rechtzeitig gebucht werden. **Landschaftlich reizvoll** wird es ab Mai und Juni, wenn die weiten Rapsfelder knallgelb blühen, kilometerlange Butterblumen-Streifen die Landstraßen säumen und die Baumalleen blühen. Wer einen **Badeurlaub** verbringen möchte, sollte in den Sommerferien kommen. **Wandern** kann man am besten in den Monaten April bis Juni und September bis Anfang November.

Kultur live

Die etablierten Musik- und Theaterfestivals in Mecklenburg-Vorpommern haben mittlerweile einen weit reichenden Ruf, sodass man häufig international renommierte Musiker, Schauspieler und Tänzer erleben kann – nicht selten sogar auf Benefizveranstaltungen zugunsten eines sanierungsbedürftigen Baudenkmals. Daneben gibt es unzählige kleinere Veranstaltungen, die von den Kultur- und Pfarrämtern in Eigenregie organisiert werden. Weitere Informationen erteilen die Fremdenverkehrsämtern oder Veranstalter [s. Praktische Hinweise].

Einen Überblick über die kulturellen Veranstaltungen bietet der monatlich erscheinende ›**Kulturkalender für Rostock und Mecklenburg-Vorpommern**‹, der bei Touristeninformationen oder an Hotelrezeptionen ausliegt.

März

Neubrandenburg: *Jazzfrühling*. Jazzmusik von Dixieland bis Free, dazu interessante Kunstausstellungen.

Tourist-Information, Tel. 03 95/194 33, www.jazzfruehling-nb.de.

Mai

Greifswald: *›Nordischer Klang‹.* Nordeuropa-Kulturtage mit Konzerten und Ausstellungen, Greifswald-Information, Tel. 038 34/52 13 80,www.nordischer klang.de.

Juni–September

Greifswald, Neubrandenburg, Stralsund und viele andere Orte: *Festspiele Mecklenburg-Vorpommern.* Über 100 künstlerisch herausragende Kammer- und Orchesterkonzerte in Schlössern, Scheunen und Kirchen im ganzen Land. Weitere Konzerte an den Adventswochenenden. Kontakt:

Festspiele Mecklenburg-Vorpommern, Lindenstr. 1, 19053 Schwerin, Tel. 03 85/59 18 50, Kartenhotline: 03 85/591 85 85, www.festspiele-mv.de

Juni

Greifswald: *Bachwoche.* Konzerte in den Kirchen. Greifswald-Information, Tel. 038 34 /52 13 80, www.greifswalder-bachwoche.de

Anklam: *Sommer-Musikreihe.* Konzerte in Anklamer Kirchen, bis August. Tel. 039 71/83 51 54

Rügen: *Störtebeker-Festspiele.* Vorstellungen auf der Naturbühne in Ralswiek, Ende Juni–Ende August Mo–Sa 20 Uhr. Tel. 038 38/311 00, www.stoertebeker.de.

Rostock: *Ostseejazz.* Dreitägiges Festival mit Jazzformationen aus dem In- und Ausland. Tourismuszentrale Rostock, Tel. 03 81/381 22 22

Juli

Greifswald: *Eldenaer Jazz Evenings.* Internationales Jazz-Festival vor der Kulisse der Klosterruine Eldena. Greifswald-Information, Tel. 038 34/52 13 80

Ribnitz-Damgarten: *Internationales Folkloretanzfest.* Tanzauftritte von Ensembles aus aller Welt. www.ribnitz-folklore.de

September/Oktober

Usedom: *Usedomer Musikfestival.* Klassik- und Jazz-Konzerte mit namhaften Ensembles und jungen Weltklassesolisten. Kontakt:

Festivalbüro, Seebad Heringsdorf, Tel. 03 83 78/346 47, www.usedomer-musik festival.de

Kuren

Das frische mecklenburgische Klima, die gute Luft und die Ruhe sind ideal zur Erholung und zum Auskurieren von Krankheiten. Die Ostseebäder mit ihrer jod- und salzhaltigen **Seeluft** sind bekannt für ihr Reizklima. Hier sind 75 % der Winde reine Seewinde, die ein typisches Inselklima bewirken. Angeboten werden ambulante Vorsorgekuren und Rehabilitationskuren für Kinder und Erwachsene, insbesondere bei: Erkrankungen der Atemwege, des Bewegungsapparates, der Haut, Herz- und Kreislauferkrankungen, Verdauungs- und Stoffwechselstörungen, allgemeine Erschöpfungszustände. Detaillierte Informationen, auch über begleitende Behandlungen wie Massagen, Bach-Blüten, autogenes Training, Heilgymnastik, Akupunktur und Ernährungsberatung, geben die **Kurverwaltungen** der Ostseebäder.

In Kurorten wird gemäß der Kurabgabeordnung eine **Kurtaxe** von etwa 2–3 € pro Tag und Person erhoben. Sie dient zur Erhaltung und Verbesserung des Strandes, der Grünanlagen, der Promenade und der sportlichen und kulturellen Betreuung. Der Gast bezahlt beim Gastgeber oder der Kurverwaltung, unabhängig davon, ob er die Erholungseinrichtungen nutzt oder nicht. Die Kurtaxe beinhaltet eine Ermäßigung bei kommunalen Veranstaltungen, kostenlose Kurkonzerte und überwachten Badestrände.

Nationalparks und Naturparks

Die Natur zeigt sich in Mecklenburg-Vorpommern von ihrer schönsten Seite, damit dies so bleibt, sind über 19 % der Landesfläche als Großschutzgebiete ausgewiesen.

Vielfalt der Seevögel – Schutz tut not

Nationalparks

Vorpommersche Boddenlandschaft
(Born/Darß, Tel. 03 82 34/50 20)

Rügen
(Lancken-Granitz, Tel. 03 83 03/88 50)

Müritz
(Hohenzieritz, Tel. 03 98 24/25 20)

Naturparks/Biosphärenreservate

Usedom
(Korswandt, Tel. 03 83 78/319 13)

Feldberger Seenlandschaft
(Feldberg, Tel. 03 98 31/527 80)

Nossentiner/Schwinzer Heide
(Karow, Tel. 03 87 38/702 92)

Schaalsee
(Zarrentin, Tel. 03 88 51/30 20)

Mecklenburgisches Elbetal
(Boizenburg/Elbe, Tel. 03 88 47/503 35)

Mecklenburgische Schweiz und Kummerower See
(Remplin, Tel. 039 94/21 06 03)

Übergeordnete Aufgaben übernimmt das dem Umweltministerium unterstehende

Landesamt für Forsten und Großschutzgebiete, Fritz-Reuter-Platz 9, 17139 Malchin, Tel. 039 94/23 50

Kleinere lokale Untergruppen sind die unzähligen Naturschutz- und Landschaftsschutzgebiete, über deren geologische und biologische Besonderheiten die jeweiligen Fremdenverkehrsämter meist Informationsmaterial bereithalten. Alle Ämter organisieren geführte Wanderungen (auch per Fahrrad) durch das jeweilige Gebiet.

Sport

Angeln

Naturgemäß zieht die Seenplatte mit ihren vielen fischreichen Gewässern Angler an – und so ganz nebenbei haben Petrijünger hier auch noch die schönsten Naturerlebnisse. Angelscheine sind in allen Sportgeschäften mit Wassersportartikeln erhältlich. Dabei muss jedoch ein gültiger Fischereischein vorgelegt werden. Am häufigsten gehen hier Aale, Barsche, Hechte, Karauschen, Karpfen, Maränen, Schleien und Zander an die Angel. Beim zuständigen Fischereimeister kann man sich über Schonzeiten, Mindestmaße und Fangbeschränkungen informieren.

Baden

Mecklenburg-Vorpommern ist – ohne Übertreibung – das reinste Badeparadies. Die Küste wie auch manche Seen haben lange, flache Ufer, sodass das Baden angenehm und auch für Kinder, die noch nicht schwimmen können, ungefährlich ist. An den Ostseestränden ist die **Sicherheit** überall durch die DLRG gewährleistet. Was die **Wasserqualität** betrifft, gelten seit der Wende auch für Mecklenburg-Vorpommern die EG-Richtlinien. Das Landeshygiene-Institut und die örtlichen Gesundheitsämter nehmen in der Saison alle zwei Wochen Wasserproben. Letztere teilen auf Anfrage auch die bakteriologischen Werte jedes beliebigen Badesees mit. Der **Sommerservice** des ADAC (www.adac.de/reiseservice) informiert ebenfalls über die Gewässerqualität in Urlaubsgebieten.

Die Möglichkeit zum **Nacktbaden** hat man überall. In den Ostseebädern sind Textil- und FKK-Strände gesondert ausgewiesen. Im Raum der Seenplatte wird das weniger reglementiert gehandhabt. Viele kleine Seen liegen so abgeschieden und menschenfern, dass FKK dort niemanden stört.

Fahrradfahren

Mit Ausnahme des leicht hügeligen Klützer Winkels nördlich von Grevesmühlen, der Mecklenburgischen Schweiz um Malchin und Teterow herum oder die Gegend um Woldegk im Südostraum der Seenplatte ist Mecklenburg ein flaches Land und zum Radfahren daher ganz besonders gut geeignet. Da viele Wege über holpriges Straßenpflaster oder sandigen Grund führen, ist ein Trekking-Rad oder zumindest ein Fahrrad mit etwas breiteren Reifen anzuraten.

Reitausflug am Strand von Binz auf Rügen

Kein Mangel an Wassersportmöglichkeiten

Wem die Anreise mit dem eigenen Drahtesel zu beschwerlich ist, der sollte vor Ort im Hotel oder bei Fahrradhändlern nach Leihrädern fragen.

Informationen: Karten, Unterkunftslisten, Tourentipps und vieles mehr geben:

ADFC-Informationsstelle Fahrradtourismus Mecklenburg-Vorpommern, Lange Str. 14, 17489 Greifswald, Tel. 038 34/89 74 12

Die Mecklenburger Radtour, Zunststr. 4, 18437 Stralsund, Tel. 038 31/28 02 20, www.mecklenburger-radtour.de

Reiten

Von jeher spielten Pferde in Mecklenburg eine ganz besondere Rolle. Nicht umsonst gibt es hier in Ganschow und in Redefin [s. S. 121] zwei staatliche Pferdegestüte. Dementsprechend viele Reiterhöfe wurden in den letzten Jahren modernisiert und immer noch kommen etliche hinzu. Die meisten Anlagen sind relativ neu und schließen daher Pferdeboxen, Reithallen und Abreit- oder Springplätze mit ein. Bei der Suche hilft die Website www.reiten-in mv.de. Weitere Informationen beim:

Landesverband Mecklenburg-Vorpommern für Reiten, Fahren und Voltigieren e.V., Leute-Wiese 2, 18276 Mühlengeez, Tel. 03 84 50/201 60, www.mecklenburger-pferde.de

Segeln

An der Ostseeküste, besonders in den Boddenlandschaften um Rügen, Hiddensee und Fischland/Darß/Zingst, sowie den größeren Seen im Binnenland sind in den letzten Jahren attraktive Segelhäfen, Surf- und Tauchstationen entstanden. Viele Segelschulen bieten mittlerweile Kurse zum Erwerb von **Segel- und Bootsführerscheinen** während des Urlaubs an. Adressen der regionalen Anbieter erfährt man beim:

Deutscher Segler-Verband, Gründgensstr. 18, 22309 Hamburg, Tel. 040/632 00 90, www.dsv.org

Ausführliche Informationen für Wassertouristen eine Liste mit Charterfirmen und Marinas bei:

ADAC-Sportschifffahrt, Tel. 089/767 60, www.adac.de/sportschifffahrt

Wassersport

In Mecklenburg-Vorpommern kann man vom Schlauchboot über Surfbretter, Kanus, Paddelboote, Kajaks und Motorboote bis hin zu bequemeren Hausbooten alles leihen, manche Hotels unterhalten sogar eigene Boote für ihre Gäste. Viele Gewässer stehen unter Naturschutz, aber man sollte grundsätzlich rücksichtsvoll mit der Tier- und Pflanzenwelt umgehen. Märchenhafte Wasser-Wandertouren mit organisierter Übernachtung und Lagerfeuerromantik vermittelt zum Beispiel:

Biber-Tours, Diemitzer Schleuse 5, 17252 Diemitz, Tel. 03 98 27/300 11, www.biber-tours.de

Sportkalender

März

Rostock: *Internationaler Springertag.* Traditioneller internationaler Wettkampf der Wasserspringer (Kunst-, Turm- und Synchronspringen), Tel. 03 81/194 33, www.springertag-rostock.de

Mai

Ostseebad Rerik: *Pfingstregatta.* Segelregatta auf dem Salzhaff.

Waren: *Müritz Sail.* Lebhaftes Seglerfest mit Schaustellern, Gastronomie und Regatten an einem Maiwochenende. Tel. 039 91/66 61 83, www.mueritzsail.net

Juni

Rostock / Warnemünde: *Warnemünder Woche.* Neun Tage kämpfen internationale Segler in 20 Bootsklassen um Weltranglistenpunkte. Tel. 03 81/523 40, www.warnemuender-woche.com

Rügen: *Segelregatta.* Regatta rund um die Insel Vilm. Putbus-Information, Tel. 03 83 01/431

Stralsund: *Segelwoche.* Internationaler Segelwettbewerb auf den Kursen rund um Rügen und um Hiddensee. Tel. 038 31/246 90, www.stralsunder-segelwoche.de

Juli

Bad Doberan: *Renntage.* Ende Juli auf der ältesten Galopprennbahn Deutschlands. Rennverein Bad Doberan, Tel. 03 82 03/622 00

Barth: *Segel- und Hafentage.* Internationale Seglermeisterschaften, dazu Konzerte, Ballonfahrten, Flugvorführungen. Tourist-Information, Tel. 03 82 31/24 64

September

Bodstedt: *Zeesbootregatta.* Segelwettbewerb der mit ehem. Fischereisegelbooten (Zeesboote) am ersten Septemberwochenende. Tel. 03 82 31/44 14

Redefin: *Redefiner Hengstparade.* Reit- und Dressurvorführungen an vier Wochenenden im September bei Hagenow im **Landgestüt Redefin**. Tel. 03 88 54/62 00

Oktober

Rügen: *Tour d'Allee.* Profis und Freizeitradler nehmen die Strecke durch Rüganer Alleen unter die Räder. www.tda-ruegen.de

Statistik

Lage: Mecklenburg-Vorpommern wird im Norden von der Ostsee, im Süden von Brandenburg, im Westen von Schleswig-Holstein und Niedersachsen und im Osten von Polen begrenzt. Seine Landschaft gliedert sich in die Regionen der Ostseeküste, die leicht hügelige Mecklenburgische Schweiz, die südwestmecklenburgischen Sander, die wasserreiche Seenplatte, die Elbtalniederung und die Ueckermünder Heide.

Fläche: Mit einer Fläche von 23 180 km^2 ist Mecklenburg-Vorpommern das sechstgrößte deutsche Bundesland.

Seen und Gewässer: 25 % aller deutschen Seen liegen in Mecklenburg-Vorpommern. Die größten Binnenseen sind hier die Müritz (116,8 km^2), der Schweriner See (60,6 km^2), der Plauer See (38 km^2) und der Kummerower See (32,2 km^2). Die größten Flüsse sind die Warnow, die Peene, die Elbe und die Uecker.

Verwaltung: Seit 1993 ist Mecklenburg-Vorpommern in 12 Landkreise (1080 Gemeinden) und 6 kreisfreie Städte (Schwerin, Wismar, Rostock, Neubrandenburg, Greifswald und Stralsund) untergliedert.

Landeshauptstadt: Schwerin

Wirtschaft: Größter Wirtschaftsbereich ist das produzierende Gewerbe (32,4 %), gefolgt vom Dienstleistungsgewerbe (26 %). Kleinster Wirtschaftsbereich ist Land- und Forstwirtschaft mit Fischerei (3,3 %). Die Bereiche ›Dienstleistungen‹ und ›Handel und Verkehr‹ erbringen zusammen 41 % des mecklenburg-vorpommerschen Bruttosozialproduktes. Eine immer größere Rolle spielen Windenergie und Fremdenverkehr. Der Tourismusverband Mecklenburg-Vorpommern zählt jedes Jahr rund 21 Mio. Übernachtungen. Den größten Umsatz in der Industrie erbringen die maritime Wirtschaft und das verarbeitende Gewerbe, davon nimmt allein der Schiffbau in den Werften 25 % ein.

Einwohner (2007): 1,682 Mio. Mit 73 Einwohnern pro km^2 ist Mecklenburg-Vorpommern das am dünnsten besiedelte Bundesland Deutschlands.

Unterkunft

Bauernhöfe

Für Familien mit Kindern bietet sich ein Urlaub auf dem Bauernhof an. Eine Broschüre mit Anschriften und Informationen verschickt die:

AG Urlaub und Freizeit auf dem Lande e. V., Griebnitzer Weg 2, 18196 Dummerstorf, Tel. 03 82 08/606 72

Camping

Mecklenburg-Vorpommern gilt zahlreichen Campern als Traumland. Viele Plätze liegen wunderschön am Wasser und haben häufig sogar einen eigenen Strand. Die Ausstattung kann recht unterschiedlich sein, man sollte sich vorher genau informieren. Die Adressen der Campingplätze mit Übersichtskarte und Standardverzeichnis verschicken die:

Camping- und Freizeitbetriebe Mecklenburg-Vorpommern e. V., Platz der Freundschaft 1, 18059 Rostock, Tel. 03 81/403 48 55, www.camping-caravan-mv.de.

Eine detaillierte Beschreibung geprüfter Campingplätze bietet der jährlich erscheinende **ADAC Camping-Caravaning-Füh-**

rer (Band Deutschland Nordeuropa) (auch als CD-ROM erhältlich).

Hotels und Gasthöfe

Nach den Anlaufschwierigkeiten der ersten Jahre nach der Wende hat sich in Mecklenburg mittlerweile ein dichtes Netz neu erbauter oder renovierter Hotels und Gasthöfe herausgebildet. Von der stilvoll möblierten Luxussuite mit Edelrestaurant und hauseigenem Beauty-Center bis zur einfachen Bettstatt mit Dusche auf dem Flur ist hier alles zu haben. Leider ist zu beobachten, dass gerade in der mittleren Kategorie das Preis/Leistungsverhältnis häufig noch nicht stimmt. Wer hier unzufrieden ist, sollte das auch freundlich sagen. Gastgeberverzeichnisse, die auch Privatunterkünfte und Ferienhäuser anführen, verschicken die Fremdenverkehrsämter der einzelnen Orte [s. Praktische Hinweise].

Jugendherbergen

Derzeit gibt es 19 Jugendherbergen und acht Anschlusshäuser in Mecklenburg-Vorpommern, in denen man günstig übernachten kann. Ein Faltblatt mit Adressen und Fotos der einzelnen Einrichtungen versendet:

Deutsches Jugendherbergswerk e. V., Landesverband Mecklenburg-Vorpommern, Postfach 16 12 61, 18025 Rostock, Tel. 03 81/77 66 70, www.djh-mv.de

Verkehrsmittel im Land

Bus und Bahn

Die innerstädtischen Verkehrsnetze mittlerer und großer Städte sind meist zufriedenstellend ausgebaut. Von ihnen aus führen die öffentlichen Verkehrsmittel auch in kleinere Nachbarstädte. Nur wer so richtig in die Provinz, zum Baden an einen einsamen See oder zur Besichtigung eines entlegenen Dorfkirchleins will, kommt in der Regel nicht ohne Auto aus oder muss einen längeren Fußmarsch in Kauf nehmen.

Mietwagen

Mietwagen gibt es in den Städten und größeren Orten. Für Mitglieder bietet die **ADAC-Autovermietung GmbH** günstige Bedingungen. Buchungen über Tel. 018 05/ 31 81 81 (0,14 €/Min.) oder über die ADAC-Geschäftsstellen.

Schiff

Entlang der Küste pendeln regelmäßig Schiffe zwischen den Seebrücken der einzelnen Bäderorte, sodass man ein richtiges Sightseeing auf dem Wasser machen kann.

Die Weiße Flotte und ihre Tochterunternehmen der Reedereien Hiddensee und Zingst verkehren an der Ostseeküste. Ihre Schiffe legen in Stralsund, Rostock und Warnemünde sowie Stahlbrode und in verschiedenen Häfen auf Rügen, Hiddensee und Darss an.

Weiße Flotte GmbH, Fährstr. 16, Stralsund, Tel. 038 31/268 10, www.weisse-flotte.com

Auch im Binnenland kann man Stunden und ganze Tage auf Schiffen verbringen. Auf der großen und kleinen Mecklenburgischen Seenplatte bietet beispielsweise folgende Schiffahrtslinien Rundfahrten ab Waren, Malchow, Mirow, Neustrelitz und Wesenberg:

Warener Schifffahrtsgesellschaft, Strandstr. 3, Waren, Tel. 039 91/66 30 34, www.warener-schiffahrt.de

Auch die Landeshauptstadt Schwerin und die Seen in der Umgebung lassen sich gut auf einem Schiffsausflug erkunden.

Weiße Flotte Schwerin Fahrgastschifffahrt GmbH, Werderstr. 140, Schwerin, Tel. 03 85/55 77 70, www.weisseflotteschwerin.de

Blauer Himmel, weites Meer, da fragt man sich: Was will man mehr?

Register

A

B

C

D

E

F

G

H

I

J

K

Impressum

Redaktionsleitung: Dr. Dagmar Walden
Lektorat und Bildredaktion:
Johannes Graf v. Preysing
Aktualisierung: Elisabeth Schnurrer, Augsburg
Karten: Computerkartographie Carrle, München
Herstellung: Martina Baur
Druck, Bindung: Offizin Andersen Nexö, Leipzig
Printed in Germany

Ansprechpartner für den Anzeigenverkauf:
Kommunalverlag GmbH & Co KG,
MediaCenterMünchen, Tel. 089/92 80 96 44

ISBN 978-3-89905-620-4
ISBN 978-3-89905-296-1 Reiseföher Pus

Gedruckt auf chlorfrei gebleichtem Papier

Neu bearbeitete Auflage 2008

Bildnachweis

Umschlag-Vorderseite: Fotogen – die Seebrücke von Sellin auf Rügen. Foto: Kurverwaltung Ostseebad Sellin (Burwitz)
Umschlag-Vorderseite Reiseführer Plus: Märchenhaft – das Schweriner Schloss. Foto: Reinhard Balzarek, Schwerin

Titelseite
Oben: Hanse Sail Rostock (von S. 42)
Mitte: Abendstimmung am Strand bei Ahrenshoop (von S. 49)
Unten: Stadtpanorama von Stralsund (von S. 55)

Archiv Bernsteinmuseum Ribnitz-Damgarten: 48 oben – Archiv für Kunst und Geschichte, Berlin : 40 – Associated Press, Frankfurt: 15 unten – Badewannenverein Plau am See e.V.: 105 – Reinhard Balzerek, Schwerin: 9 unten rechts, 49, 52, 94/95, 116, 120, 137 – Dieter Blase, Steinfurt: 5 drittes von oben, 12, 16/17, 25, 28, 29, 30, 33 oben, 46, 61, 62 oben, 71 (2), 72, 77, 79, 83 unten, 87 (2), 88, 90, 91, 98, 99, 104 oben, 108, 110/111, 118, 121, 122 (2), 123 unten, 126 unten, 135, 139 – Werner Dieterich, Stuttgart: 59 – Bildarchiv Fritz Dressler, Worpswede: 8 oben rechts, 10 oben, 32, 58/59, 65 unten, 67 unten, 74, 114 oben – Ralf Freyer, Freiburg: 23, 55, 62 unten, 103 – Bildagentur Huber, Garmisch-Partenkirchen: 8 oben links, 54 (R. Schmid), 97 unten (F. Damm) – Gerhart-Hauptmann-Gedenkstätte, Kloster/Hiddensee: 68 – Foto Hübner, Ostseebad Wustrow: 48 unten, 50 oben, 133 – Kurverwaltung Insel Poel, Kirchdorf: 26 – laif, Köln: 64, 75, 128 unten (Kirchner), 96 oben, 97 oben (F. Zanettini), U4 links zweites von oben (Kirchner) – LOOK, München: 7 oben, 11 oben (Hauke Dressler), 24, 31 (Sabine Lubenow),45 (age fotostock), 47 (Tina und Horst Herzig),50 unten, 57, 67 oben (Sabine Lubenow), 70 (Markus Bullik), 73 (TerraVista), 76 (Travelstock44), 96 unten (euroluftbild), 101 (Heinz Wohner), 113 (Tina und Horst Herzig), 115 (age fotostock), 136 (Konrad Wothe) – MC Bergring Teterow e.V.: 84 – Gerhard P. Müller, Dortmund: 6/7 unten, 7 unten, 8/9 unten, 9 oben, 34, 37, 42 unten, 42/43, 60, 92, 100, 124, 128 oben – Werner Neumeister, München: 33 unten, 126/127 oben – Mauritius, Mittenwald: 11 unten (Ferdinand Hollweck), 21 (imagebroker), 81 (Torsten Krüger), 82/83 (imagebroker), 85 (Manfred Mehlig), 119 (Blume Bild) – Museum der Stadt Neustrelitz: 13 – Otto-Lilienthal-Museum, Anklam: 78 (Ripke) – Christiane Petri: 80, 89, 104 unten, 107 unten, 127 unten – Schloß Groß Plasten: 102 unten – Carolin S. Schmitt/edition VASCO: 10 unten, 18/19, 39, 44, 69 oben, 107 oben – SILVESTRIS, Kastl: 5 zweites von oben (Klose), 35 (Rosing), 38 (Heine), 41 (Klose), 65 oben (Klose), 93 (Rosing), 102 oben (W. Buchhorn), 123 oben (Justus de Cuveland) – Staatliches Museum Schwerin: 114 unten (Sandig), 125 (E. Walford) – Stadtgeschichtliches Museum ›Schabbellhaus‹, Hansestadt Wismar: 22 – Störtebeker Festspiele, Ralswiek: 63 – Süddeutscher Verlag – Bilderdienst, München: 14 unten, 15 – Klaus Thiele, Warburg: 86